建筑业税务风险防控实操

TAX RISKS IN THE CONSTRUCTION INDUSTRY

刘士强　李明星◎著

中华工商联合出版社

图书在版编目（CIP）数据

建筑业税务风险防控实操 / 刘士强，李明星著．-- 北京 ：中华工商联合出版社，2023.5
ISBN 978-7-5158-3661-4

Ⅰ．①建… Ⅱ．①刘… ②李… Ⅲ．①建筑企业－税收管理－风险管理－中国 Ⅳ．①F812.423

中国国家版本馆CIP数据核字（2023）第072691号

建筑业税务风险防控实操

作　　者：刘士强　李明星
出 品 人：刘　刚
图书策划：蓝色畅想
责任编辑：吴建新
装帧设计：胡椒书衣
责任审读：付德华
责任印制：迈致红
出版发行：中华工商联合出版社有限责任公司
印　　刷：北京市兆成印刷有限责任公司
版　　次：2023年5月第1版
印　　次：2023年5月第1次印刷
开　　本：710mm × 1000mm　1/16
字　　数：180千字
印　　张：13
书　　号：ISBN 978-7-5158-3661-4
定　　价：56.00元

服务热线：010－58301130－0（前台）
销售热线：010－58302977（网店部）
010－58302166（门店部）
010－58302837（馆配部、新媒体部）
010－58302813（团购部）
地址邮编：北京市西城区西环广场A座
19－20层，100044
http://www.chgscbs.cn
投稿热线：010－58302907（总编室）
投稿邮箱：1621239583@qq.com

前　言

建筑业在我国市场经济发展中发挥着重要作用。随着市场竞争日益激烈和“营改增”政策进一步推进，建筑企业面临着巨大的挑战和机遇，同时也享受着巨大的政策红利。因此，建筑企业应当认清自身以及行业的优势与风险，提升法律意识和税务风险防控意识，依法合规进行税收管理并实现自身的健康稳步发展。

一般来说，建筑企业在承接各项工程项目时，从公司投标、签订合同、成本预算，到物资采购、项目实施、核算成本，再到项目竣工、项目完工决算等环节，都涉及到税务工作。如果建筑企业风险意识不强，缺乏健全完整的涉税管理制度，或者财务人员专业水平、职业素养有所欠缺，或者盲目进行税收筹划，不合理设计税收筹划方案，便可能给企业带来损失与税务风险。

因此，建筑企业应当增强风险意识，以财税政策为导向，结合企业自身生产经营的实际情况，加强合同管理、材料采购、票据流转、账务核算、税务申报等各环节税务风险的控制与管理。

本书内容涉及建筑企业的基本纳税常识，以及采购环节、用工管理环节与工程施工环节涉税事项与会计处理问题，同时结合了建筑企业涉及的增值税、企业所得税、个人所得税、印花税、土地增值税、房产税等税种的缴纳与核算问题，目的是立足建筑业税务与会计管理，让建筑行业的财务人员在掌握相关税法知识的同时，有效进行税务风险防控。

本书还引用了众多税法条文以及税务总局相关规定，列举了众多与纳税、会计核算有关的案例，针对一些普遍存在的问题给出了切实可行的建议，希望广大读者能全方位树立合理规划财务流程的理念并掌握会计准则的精髓，做好企业税务管理工作。

本书内容结合了理论与实践经验，希望对广大建筑企业财务从业人员、高级管理人员以及投资人的实务工作有所帮助。

目　录

第五章 建筑企业增值税的缴纳与核算

第六章 企业所得税的缴纳与核算

第七章 生产销售环节其他税费的缴纳与核算

第八章 建筑业税务疑难问题处理

第一章

建筑业企业会计和纳税常识

第 1 节　建筑企业的会计处理

由于经营管理的独特性，建筑企业在会计核算方面具有一些其他行业不具备的特殊性。下面我们从建筑企业主要业务出发，说明建筑企业特有的会计核算特点。

一、建筑企业的主要业务

建筑企业是从事建筑工程、设备安装工程以及其他专项工程施工的生产型企业，是建筑产品生产和经营的经济实体。建筑企业有两种专业化分类方式：一种是按照产品对象分类，主要有冶金、铁路、化工、电力等专业企业；一种按照施工工艺分类，主要有基础、结构吊装、装修、设备安装、管道安装等专业企业。

建筑企业的业务经营有以下特点：

1. 建筑产品具有固定性、单体性、多样性、体型庞大等特点；

2. 建筑企业的生产过程具有流动性、长期性、综合性等特点；

3. 建筑企业的经营管理过程具有生产经营业务不稳定、管理环境多变、机构人员变动大等特点。

根据《建筑业企业资质管理规定》，建筑业企业应当按照其拥有的注册资本、净资产、专业技术人员、技术装备和已完成的建筑工程业绩等条件申请资质，经审查合格，取得建筑业企业资质证书后，方可在其资质许可的范围内从事建筑施工活动。

其资质分类可以分为施工总承包资质、专业承包资质和劳务分包资质三种。同时，施工总承包资质可以分为特级、一级、二级、三级，专业承包资质、劳务分包资质也可以划分为若干等级。

二、建筑企业会计的主要内容

建筑企业会计以货币为主要计量单位，需要按照现行会计法规要求，运用一套专门的核算方法，对建筑企业的经济活动进行连续、系统、全面的核算和监督，以确保能真实、准确、及时地提供企业生产经营管理所需要的各种会计信息。

其会计核算有以下几个特点：

1. 采取分级核算的方式。

建筑企业一般采取三级核算体制，即公司、工区和施工队三级核算，或者两级核算体制，即公司、工区两级核算。

2. 单独核算每项工程的成本。

建筑企业产品具有多样性，施工生产具有单件性，因此施工企业必须按照承包额分别归集每项工程相关费用，单独核算每项工程的成本。

某建筑企业不同项目部分别承建A、B、C三项合同工程，其中A合同发生的人工费140万元，B合同发生的人工费160万元，C合同发生的人工费200万元。当期共发生间接费用50万元，间接费用分配率为10%（50÷(140＋160＋200)）。那么，A合同应负担的间接费用为14万元，B合同应负担的间接费用为16万元，C合同应负担的间接费用为20万元。

其账务处理如下：

借：工程施工——间接费　　500 000元

贷：银行存款　　500 000元

期末将间接费用分配计入各合同成本：

借：工程施工——A合同　　140 000元

——B合同　　160 000元

——C合同　　200 000元

贷：工程施工——间接费用　　500 000元

3. 分阶段进行工程成本核算和工程价款核算。

建筑企业需要把已完成预算定额规定的工程内容作为“已完工程”分期核算，并及时结算工程价款。工程全部竣工后，再进行清算。对于跨年度施工的工程，一般采取完工百分比法分别计量和确认各年度的工程价款结算收入和工程施工费用。

比如，某建筑企业承建某房地产开发项目，在实务中房地产项目往往有一期、二期、三期，且每一期有不同类型的产品，在施工过程中不能全部同时竣工。因此，建筑企业需要分阶段核算成本和工程价款，并在工程全部竣工后，再进行清算。

完成工程施工之后，要在完工成本中转入在建成本，然后在主营业务成本中转入完工成本。如果动态总投资是固定的，完工成本中的结算部分成本应当等于主营业务成本中的对应结算部分。如果动态总投资出现变化，则需要进行调整。

比如，某工程二期四标段全部竣工，共投资 2 亿元，那么需要将 2 亿元转入到完工成本。结算时，如果动态总投资达到 3 亿元，则需要对相关科目进行调整。

三、建筑企业会计科目的设置

在实务中，建筑企业需要通过内部会计核算制度预先制定会计科目。这是设置账户、进行账务处理时必须遵守的规则和依据，也是正确组织会计核算的重要条件。

企业需要根据企业会计准则来设置会计科目，同时，在不违反会计准则中确认、计量和报告规定的前提下，企业也可以根据自身实际情况增设、分拆、合并会计科目。对于一些不存在的交易或者事项，可以不设置相关会计科目。

第 2 节 建筑企业财务报表的编制

由于各报表之间有着鲜明的关联性，纳税人可以通过数据对比发现偿债能力、获利能力、营运能力、纳税真伪等情况，发现各项目之间数据的正确性、合理性，进而洞察可能存在的税务风险，从而能尽早防范和控制风险。因此，建筑企业应重视财务报表，加强对财务报表的管理与分析。

比如，从财务报表中资金往来项目的数据入手，在每个会计年度终了之前对往来项目数据进行分析，从而做到对可能存在的纳税风险点及时发现、事前预警、有效防范。

财务报表是对企业财务状况、经营成果和现金流量的结构性表述。一套完整的财务报表至少应当包括以下组成部分：资产负债表、利润表、现金流量表、所有者权益表（或股东权益表）及附注。

接下来我们具体了解一下财务报表的各个组成部分。

一、资产负债表

资产负债表是反映企业在某一特定日期内，资产、负债和所有者权益数额及其构成情况的报表。它是根据“资产＝负债＋所有者权益”这一会计恒等式，按照一定的分类标准和次序，把企业一定日期的资产、负债和所有者权益项目进行适当排列编制而成的。

资产和负债应当分为流动资产和非流动资产、流动负债和非流动负债。资产满足下列条件之一的，应当归类为流动资产：

1. 预计在一个正常营业周期中变现、出售或耗用；

2. 主要为交易目的而持有；

3. 预计在资产负债表日起一年内（含一年）变现；

4. 自资产负债表日起一年内，交换其他资产或清偿负债的能力不受限制的现金或现金等价物。

流动资产以外的资产应当归类为非流动资产，并应按其性质分类列示。

资产负债表中的资产类至少应单独列示以下项目：货币资金、应收及预付款项、交易性投资、存货、持有至到期投资、长期股权投资、投资性房地产、固定资产、生物资产、递延所得税资产、无形资产。

负债满足下列条件之一的，应当归类为流动负债：

1. 预计在一个正常营业周期中清偿；

2. 主要为交易目的而持有；

3. 自资产负债表日起一年内到期应予以清偿；

4. 企业无权自主地将清偿时间推迟至资产负债表日后一年以上。

流动负债以外的负债应当归类为非流动负债，并应按其性质分类列示。

资产负债表中的负债类至少应当单独列示以下项目：短期借款、应付及预收款项、应交税金、应付职工薪酬、预计负债、长期借款、长期应付款、应付债券、递延所得税负债。

而所有者权益类至少应当单独列示以下项目：实收资本（或股本）、资本公积、盈余公积、未分配利润。

我国企业一般采取账户式资产负债表，其中资产各项目的合计数等于负债和所有者权益各项目合计数之和。

表 1-1　资产负债表示例

编制单位：　　　　　　　　　　年　　月　　日　　　　单位：元

资　产	期末余额	年初余额	负债和所有者权益（股东权益）	期末余额	年初余额
流动资产：			流动负债：		
货币资金			短期借款		
交易性金融资产			交易性金融负债		
应收票据			应付票据		
应收帐款			应付账款		
预付款项			预收款项		

续　表

资　产	期末余额	年初余额	负债和所有者权益（股东权益）	期末余额	年初余额
应收利息			应付职工薪酬		
应收股利			应缴税费		
其他应收款			应付利息		
存货			应付股利		
持有待售资产			持有待售负债		
一年内到期的			一年内到期的		
非流动资产			非流动负债		
其他流动资产			其他流动负债		
流动资产合计			流动负债合计		
非流动性资产：			非流动负债：		
可供出售金融资产			长期借款		
持有至到期投资			应付债券		
长期应收款			长期应付款		
长期股权投资			专项应付款		
投资性房地产			预计负债		
固定资产			递延所得税负债		
在建工程			其他非流动负债		
工程物资			非流动负债合计		
固定资产清理			负债合计		
生产性生物资产			所有者权益（股东权益）		
油气资产			实收资本（股本）		
无形资产			资本公积		
开发支出			减：库存股		
商誉			盈余公积		
长期待摊费用			未分配利润		
递延所得税资产			所有者权益（股东权益）合计		
其他非流动性资产					
非流动资产合计					
资产总计			负债和所有者权益（股东权益）合计		
无形资产			资本公积		
开发支出			减：库存股		

续 表

资 产	期末余额	年初余额	负债和所有者权益（股东权益）	期末余额	年初余额
商誉			盈余公积		
长期待摊费用			未分配利润		
递延所得税资产			所有者权益（股东权益）合计		
其他非流动性资产					
非流动资产合计					
资产总计			负债和所有者权益（股东权益）合计		

二、利润表

利润表是反映企业一定期间生产经营成果的财务报表。

利润表至少应当单独列示以下项目：营业收入、营业成本、营业税金、管理费用、销售费用、财务费用、投资收益、公允价值变动损益、资产减值损失、非流动资产处置损益、所得税费用、净利润。

利润表的结构有单步式和多步式。单步式利润表是将当期所有收入列在一起，所有费用列在一起，然后将两者相减得出当期净损益。多步式利润表是通过对当期的收入、费用、支出项目按照性质加以归类，按利润形成的主要环节列示一些中间性利润指标，分步计算当期净损益。我国企业一般采用多步式利润表。

利润表编制的原理是“收入－费用＝利润”的会计平衡公式和收入与费用的配比原则。建筑企业在提供建筑服务等环节中不断取得各项收入，同时产生各种费用，而收入减去费用的余额为企业的盈利。

表 1-2　利润表（单步式）示例

编制单位：　　　　　　　　　　　年　　月　　　　　　　　　单位：元

项目	行次	本月数	本年累计数
一、收入 主营业务收入 其他业务收入 投资收益 营业外收入 收入合计			
二、支出 主营业务成本 主营业务税金及附加 其他业务支出 营业费用 管理费用 财务费用 投资损失 营业外支出 支出合计			
三、利润总额			

表 1-3　利润表（多步式）示例

编制单位：　　　　　　　　　　　年　　月　　　　　　　　　单位：元

项目	本期金额	上期金额
一、主营业务收入 减：主营业务成本 主营业务税金及附加		

续　表

项目	本期金额	上期金额
二、主营业务利润 加：其他业务利润 减：营业费用 管理费用 财务费用 其中：利息费用 利息收入 加：其他收益 投资收益 其中：对联营企业和合营企业的投资收益 资产减值损失		
三、营业利润 加：投资收益 补贴收入 营业外收入 减：营业外支出		
四、利润总额 减：所得税 减：少数股东损益		
五、净利润		

三、现金流量表

现金流量表是反映企业在一定会计期间内现金和现金等价物流入和流出的报表。现金，是指企业库存现金以及可以随时用于支付的存款。现金等价物，是指企业持有的期限短、流动性强、易于转换为已知金额现金、价值变动风险很小的投资。

现金流量表应当分别列示经营活动、投资活动和筹资活动的现金流量。

其中，经营活动现金流量至少应当单独列示以下项目：

1. 销售商品、提供劳务收到的现金；
2. 收到的税费返还；
3. 收到其他与经营活动有关的现金；
4. 购买商品、接受劳务支付的现金；
5. 支付给职工以及为职工支付的现金；
6. 支付的各项税费；
7. 支付其他与经营活动有关的现金。

投资活动现金流量至少应当单独列示以下项目：

1. 收回投资收到的现金；
2. 取得投资收益收到的现金；
3. 处置固定资产、无形资产和其他长期资产收回的现金净额；
4. 处置子公司及其他营业单位收到的现金净额；
5. 收到其他与投资活动有关的现金；
6. 购建固定资产、无形资产和其他长期资产支付的现金；
7. 投资支付的现金；
8. 取得子公司及其他营业单位支付的现金净额；
9. 支付其他与投资活动有关的现金。

筹资活动产生的现金流量至少应当单独列示以下项目：

1. 吸收投资收到的现金；
2. 取得借款收到的现金；
3. 收到其他与筹资活动有关的现金；
4. 偿还债务支付的现金；
5. 分配股利、利润或偿付利息支付的现金；
6. 支付其他与筹资活动有关的现金。

四、所有者权益变动表

所有者权益变动表是反映构成所有者权益的各组成部分当期的增减变

动情况的财务报表。其中各项目需要填列“本年金额”“上年金额”两项。

所有者权益变动表至少应当单独列示以下项目：

1. 净利润；

2. 直接计入所有者权益的利得和损失项目及其总额；

3. 会计政策变更和差错更正的累积影响金额；

4. 所有者投入资本和向所有者分配利润等；

5. 按照规定提取的盈余公积；

6. 实收资本（或股本）、资本公积、盈余公积、未分配利润的期初和期末余额及其调节情况。

五、附注

附注是对各大报表中列示的项目的文字描述或明细资料，以及对未能在这些报表中列示的项目的说明等。

附注一般应当披露以下内容：企业的基本情况、财务报表的编制基础、遵循企业会计准则的声明、重要会计政策的说明、会计政策和会计估计变更以及差错更正说明、承诺事项、资产负债表日后非调整事项、关联方关系及其交易等需要说明的事项，等等。

第 3 节　建筑企业的基本纳税知识

对于任何企业和个人来说，依法纳税都是其应尽的义务，是不可逃避的。税收是国家公共财政最主要的收入形式和来源，是一种非常重要的政策工具，具有三种特征：强制性、无偿性和固定性。

税收的强制性是指国家凭借其公共权力，通过颁布法律、法令的形式来对纳税人进行强制征收。在国家税法规定的限度内，作为纳税人的建筑企业必须依法纳税，否则就会受到法律的制裁。

税收的无偿性是指国家征税后，税款一律纳入国家财政预算，由国家统一分配，不向纳税人支付任何报酬或代价，也不直接返还给纳税人。这种无偿性是税收的本质体现，是一种社会产品所有权、支配权的单方面转移，而不是等价交换。

税收的固定性是指国家征税之前预先统一了征税的标准，一经确定，在一定时间内不会轻易改变。征税之前，纳税人、课税对象、税率、纳税期限、纳税地点等都已经预先统一且是相对稳定的。作为纳税人的建筑企业必须按照标准申报和缴纳相关税款。

一、建筑企业所涉及的主要税种

我国现行税收法规规定了 18 个税种，一般来说建筑企业在日常生产经营过程中主要涉及如下税种：增值税、企业所得税、个人所得税、城市维护建设税、资源税、土地增值税、房产税、车船税、耕地占用税、城镇土地使用税、印花税、契税、环境保护税。

除此之外，根据相关文件规定，建筑企业需要缴纳的政府性基金包括教育费附加、地方教育附加、水利建设基金、残疾人就业保障金、工会经费等。

各税种的申报期限，由主管税务机关根据各单位应纳税额的大小分别核定。这方面内容我们之后详细介绍，这里不过多阐述。

二、建筑企业的纳税义务

建筑企业的纳税义务主要包括：

1. 接受管理的义务。

建筑企业应当接受税务机关的税务管理，依法办理税务登记，设置和保存账簿、凭证，按照规定使用发票和进行纳税申报。

2. 依法缴纳税款的义务。

建筑企业应当依照法律法规及时、足额地缴纳税款，并依法履行代扣代缴、代收代缴税款的职责。

3. 接受税务稽查的义务。

建筑企业应当接受主管税务机关依法进行的税务检查，积极配合并提供相关资料。

4. 提供税务信息的义务。

建筑企业应当真实、及时地向主管税务机关提供与纳税有关的信息，必要时接受主管税务机关的调查。

三、会计核算和申报纳税对票据的要求

在建筑企业生产经营过程中，会计核算与税法对票据的要求是不同的。

1. 会计核算对票据的要求。

按照《会计基础工作规范》规定，企业成本费用入账的原始凭证应当符合以下要求：

原始凭证的内容必须具备凭证的名称，填制凭证的日期，填制凭证单位名称或者填制人姓名，经办人员的签名或者盖章，接受凭证单位名称，经济业务的内容、数量、单价和金额。

从其他单位取得的原始凭证，必须盖有填制单位的公章；从个人取得

的原始凭证，必须有填制人员的签名或者盖章；自制原始凭证必须有经办单位领导或者其指定人员的签名或者盖章；对外开出的原始凭证，必须加盖本单位公章。

凡填有大写和小写金额的原始凭证，大写与小写金额必须相符；购买实物的原始凭证，必须有验收证明；支付款项的原始凭证，必须有收款单位和收款人的收款证明。

一式几联的原始凭证，应当注明各联的用途，只能以一联作为报销凭证；一式几联的发票和收据，必须用双面复写纸套写，并连续编号；作废时应当加盖“作废”戳记，连同存根一起保存，不得撕毁。

发生销货退回的，除填制退货发票外，还必须有退货验收证明；退款时，必须取得对方的收款收据或者汇款银行的凭证，不得以退货发票代替收据。

2. 企业所得税税前扣除和增值税进项税额抵扣对于凭证的要求。

税前扣除凭证按照来源分为内部凭证和外部凭证。外部凭证至少包括以下内容：发票（包括纸质发票和电子发票）、财政票据、完税凭证、收款凭证、分割单等。

建筑企业应当按照《企业所得税法》和国家税务总局相关规定取得、管理相关凭证。比如发生的非增值税应税项目支出、工伤事故赔偿金、职工解聘经济补偿金、支付给个人的拆迁补偿金、经济合同违约支出等，这些费用通常以相关的合同、协议或收款凭证等作为成本费用税前扣除凭证。

企业应当取得而未取得发票或其他外部凭证，或者取得不合规发票或不合规其他外部凭证的，如果支出真实且已实际发生，应当在当年度汇算清缴期结束前，要求对方补开、换开发票或其他外部凭证。补开、换开后的发票或其他外部凭证若符合规定，则可以作为税前扣除凭证。

同时，建筑企业应当按照《增值税暂行条例》以及相关规定，取得、管理相关增值税进项税额抵扣凭证，并且按照其规定的抵扣方法进行抵扣。

另外，建筑企业可以依法享受税收优惠政策，比如减税、免税、延期纳税、加计扣除、税额抵免等。合理运用这些优惠政策，在法律和政策范围内对企业税收进行合理筹划，不仅可以减轻企业税负，还可以有效防控和降低税务风险。

第 4 节　分公司与子公司的税收政策差异

建筑企业通常跨地区施工，有些还存在跨国施工的情况。受地域因素影响，建筑企业为了更好地开展生产经营活动，并进行项目相关问题管理，通常会设立分公司或子公司。

建筑企业的组织架构形式主要有：公司总部—工程项目部；母公司—子公司—工程项目部；总公司—分公司—工程项目部；总公司—项目指挥部、子公司—工程项目部；总公司—总承包部—工程项目部。

不同组织架构形式，其适用的企业类型是不同的，生产经营过程中涉及的法律规定和税收政策也是不同的。

“公司总部—工程项目部”模式，一般适用于工程数量不多、分布比较集中、跨地域不大的企业。公司总部直接管理所有工程项目部，以公司总部的名义签订承包合同，并向发包方开具工程款发票、收取工程款、进行会计核算、申报纳税。

“母公司—子公司—项目部”模式，适用于工程项目数量比较多的中型建筑企业。企业可以以子公司的资质中标项目后，以子公司的名义签订承包合同、组织工程项目部进行施工，并以子公司名义开具工程款发票、收取工程款、进行会计核算、申报纳税；也可以以母公司的资质中标，再交给子公司进行施工管理。如果该母公司属于集团公司，根据国家税务总局有关规定，应当以子公司的名义开具工程款发票、收取工程款、进行会计核算、申报纳税。

“总公司—分公司—项目部”模式，如果分公司独立核算，除有特殊规定的企业所得税外的其他所有税种，分公司都是独立的纳税人。不过，独立核算的分公司若没有相应资质，需要以总公司的名义承揽工程项目、签订承包合同。总公司与分公司可以签订内部协议，授权分公司进行施工，并向客户开具应税发票、收取工程款、办理工程结算。如果分公司不独立核算，则只能以总公司的名义承揽工程项目、签订承包合同，由总公司进行所有财务数据和税务处理。

“总公司—项目指挥部、子公司—工程项目部”模式，这种模式与第二种模式类似，只是核算规模和管理层级上有所不同。指挥部是总公司派出的机构，项目部是子公司派出的机构。

“总公司—总承包部—项目部”模式，其中总承包部实际上是总公司下属的事业部，是管理项目部的部门，没有相应的资质，只能以总公司的名义承揽工程项目、签订承包合同、负责项目施工、工程结算以及会计核算、申报纳税。

下面我们重点讲子公司与分公司的税收差异，以及“母公司—子公司—项目部”模式与“总公司—分公司—项目部”模式的税务管理问题。

《公司法》第十四条规定，公司可以设立分公司，分公司不具有法人资格，其民事责任由公司承担。就是说，在生产经营中，分公司没有自己独立的名称、章程和组织机构，其经营活动必须以总公司分支机构的名义开展。而子公司具有法人资格，有自己独立的名称、章程和组织机构，能够以自己的名义开展经营活动。

1. 企业所得税政策的比较。

根据《企业所得税法》以及相关规定，子公司作为独立法人，应当独立核算、独立申报纳税。母公司、子公司分别申报纳税，且子公司必须用税后利润向股东进行股利分配。

分公司不具备法人资格，只是总公司下属的分支机构，不管分公司是否独立核算，都必须由总公司汇总计算并缴纳企业所得税。

汇总纳税的企业应根据当期实际利润额，按照预缴分摊方法计算总公司和分公司的企业所得税预缴额，然后分别由总公司和分公司就地预缴。年度终了后，总公司统一汇总计算年度应纳税所得额、应纳所得税额，抵减总公司、分公司当年已就地分期预缴的企业所得税款，最后再多退少补。

比如，北京某建筑工程有限公司在外地河北某市设立分公司，分公司的主管税务机关为该市某税务机关。分公司的企业所得税应当并入总公司，由总公司进行汇算清缴。如果该建筑企业总公司既有二级分支机构又有直营项目，那么在总公司、分公司进行企业所得税分配时，应当先扣除直营项目部预交的企业所得税，再按照相关规定计算总公司、分公司应缴纳的税款。

根据国家税务总局相关规定，总公司、分公司应当按照以下公式计算分摊税款：

总公司分摊税款＝汇总纳税企业当期应纳所得税额 ×50%

所有分公司分摊税款总额＝汇总纳税企业当期应纳所得税额 ×50%

某一分公司分摊税款＝所有分公司分摊税款总额 × 该分公司分摊比例

其中分摊比例按照上年度分公司的营业收入、职工薪酬和资产总额来计算。其中营业收入权重为 0.35，职工薪酬权重为 0.35，资产总额权重为 0.30。计算公式为：

某分公司分摊比例＝（该分公司营业收入 ÷ 各分公司营业收入总和）×0.35 ＋（该分公司职工薪酬 ÷ 各分公司职工薪酬总和）×0.35 ＋（该分公司资产总额 ÷ 各分公司资产总额总和）×0.30

2. 增值税政策的比较。

根据《增值税暂行条例》规定，固定纳税人应当向其机构所在地的主管税务机关申报纳税。总机构和分支机构不在同一县（市）的，应当分别向各自所在地的主管税务机关申报纳税；分支机构经相关税务机关批准的，可以由总机构汇总后向总机构所在地的主管税务机关申报纳税。

就是说，分公司和子公司都是独立的增值税纳税人，不管是分公司还是子公司都需要在机构所在地独立申报缴纳增值税，并都可以享受增值税小微企业优惠政策。

在其他税费方面，分公司和子公司也没有太大差别。根据相关政策规定，房产税、土地使用税都需要在资产所在地申报纳税，个人所得税应当在企业生产经营所在地申报缴纳。

第 5 节　跨区域经营的涉税问题

我国建筑业实行跨区域涉税事项报验管理制度。

一、跨区域涉税事项报验管理

根据《国家税务总局关于创新跨区域涉税事项报验管理制度的通知》规定，纳税人跨省（自治区、直辖市和计划单列市）临时从事生产经营活动的，需要向机构所在地税务机关填报《跨区域涉税事项报告表》；在省内跨县（市）临时从事生产经营活动的，应当由各省税务机关自行确定其是否需要实施跨区域涉税事项报验管理。

填报《跨区域涉税事项报告表》时，纳税人需要出示加载统一社会信用代码的营业执照副本，或者加盖纳税人公章的副本复印件。具备网上办税条件的，可以通过网上办税系统自主填报《跨区域涉税事项报告表》。

纳税人首次在经营地办理涉税事项时，应当向经营地的税务机关报验跨区涉税事项。如果纳税人的跨区域经营合同需要延期，可以向经营地或机构所在地的税务机关办理报验管理有效期的延期手续。

跨区经营结束后，纳税人应当结清经营地税务机关的应纳税款并处理好其他涉税事项，然后向经营地的税务机关填报《经营地涉税事项反馈表》。

二、跨区域经营的税收预缴

根据《企业所得税法》和《跨地区经营汇总纳税企业所得税征收管理办法》规定，居民企业在中国境内设立不具有法人资格的营业机构，应当汇总计算并缴纳企业所得税。汇总纳税企业申报缴纳企业所得税时，需要遵循统一计算、分级管理、就地预缴、汇总清算、财政调库的原则和流程。

建筑企业总公司直接管理的跨地区设立的项目部，应当按照项目实际经营收入的 0.2% 按月或按季由总公司向项目所在地预分企业所得税，由项目部向所在地主管税务机关预缴。

如果建筑企业跨地级行政区域提供建筑服务，应按照增值税相关规定的纳税义务发生时间和计税方法，向建筑服务发生地主管税务机关预缴增值税，向机构所在地主管税务机关申报纳税。预缴的增值税税款，可以向机构所在地主管税务机关申报缴纳当期抵减。

同时，纳税人应当按照税法规定预缴城市维护建设税、教育费附加和地方教育费附加。纳税人所在地在市区的，适用税率为 7%；所在地在县城、镇的，适用税率为 5%；所在地不在市区、县城或者镇的，税率为 1%。教育费附加按照增值税的 3% 缴纳，地方教育费附加按照增值税额的 2% 缴纳。

北京某建筑企业在北京市内跨区域提供建筑服务，由于具备网上办税条件，可以通过电子税务局网预缴增值税、城市维护建设税、教育费附加和地方教育费附加。

该建筑企业首先办理了税源信息登记，然后在网上办理跨区域预缴，填写了《增值税预缴税款表》，并根据相关规定上传了相关税务登记证件，包括与发包方签订的建筑合同复印件（加盖纳税人公章）、与分包方签订的分包合同复印件（加盖纳税人公章）和从分包方取得的发票复印件（加盖纳税人公章），同时预缴了维护建设税及附加税款。

跨区域项目结束后，该建筑企业结清了项目所在经营地税务机关的应纳税款，处理了其他涉税事项，并向当地税务机关填报了《经营地涉税事项反馈表》。

需要注意的是，建筑企业可以利用跨区域经营税收政策和税收优惠政策进行筹划，比如利用西部大开发所得税优惠政策进行合理筹划，既实现节税的目的，又降低税务风险。

根据财政部、税务总局相关规定，自 2021 年 1 月 1 日至 2030 年 12 月 31 日，对设在西部地区的鼓励类产业企业减按 15% 的税率征收企业所得税。鼓励类产业企业是指以《西部地区鼓励类产业目录》中规定的产业项目为主营业务，且其主营业务收入占企业收入总额 60% 以上的企业。

总公司设在西部大开发税收优惠地区的企业，就设在优惠地区的总公司和分公司的所得确定适用 15% 优惠税率。总公司设在西部大开发税收优惠地区外的企业，仅就其在优惠地区内设立的分公司的所得确定适用 15% 优惠税率。

预缴税款时，总公司和分公司如果处于不同税率地区，由总公司先统一计算全部应纳税所得额，然后按照规定分别计算不同税率地区机构的应纳税所得额，按照各自适用的税率计算应纳税额，再计算企业应纳税额的总额，最后按照规定，向总公司和分公司分摊就地预缴的所得税额。

某建筑服务企业总部设在北京市，分别有跨区域的 A、B、C 三家分公司，适用汇总纳税政策。2022 年度 A 分公司的营业收入、职工薪酬、资产总额占全部分公司的营业收入、职工薪酬、资产总额的权重分别为 15%、15%、25%。

A 分公司在西部大开发地区的天水市提供城市轨道交通新线建设服务，适用西部大开发 15% 的税率优惠政策。总公司和其他分公司适用的所得税税率为 25%。

总公司统一计算的全部应纳税所得额为 5 000 万元，那么各分公司应当分摊的应纳税所得额为：

应纳税所得额＝ 5000 × 50% ＝ 2500（万元）。

根据相关规定，A 公司分摊比例＝ 15% × 0.35 ＋ 15% × 0.35 ＋ 25% × 0.30 ＝ 0.18。

A 分公司的应纳税所得额＝ 2500 × 0.18 ＝ 450（万元）。

根据不同地区适用不同税率，可以计算出各自应纳所得税以及总额：

A 分公司应纳所得税额＝ 450 × 15% ＝ 67.5（万元）。

总公司及其他公司应纳所得税额＝（5000 − 450）× 25% ＝ 1137.5（万元）。

该建筑企业的应纳所得税总额＝ 67.5 ＋ 1137.5 ＝ 1205（万元）。

最后，A 分公司应当分摊应纳税企业所得税为：

各分公司分摊 50% 的应纳企业所得税＝ 1205 × 50% ＝ 602.5（万元）。

A 分公司分摊应纳企业所得税＝ 602.5 × 0.18 ＝ 108.45（万元）。

第 6 节　建筑企业的纳税信用评级

对于建筑企业来说，纳税信用评级至关重要。一些建设方或者投资方在招标时通常将投标企业的纳税信用等级作为重要的参考依据。如果建筑企业的纳税信用评级低，代表其存在税收违法违章、拖欠税款等情况，将直接面临被淘汰的风险。

一、纳税信用的等级

纳税信用等级共分为五级，分别为：A 级、B 级、C 级、D 级和 M 级。

表 1-4　纳税信用等级表

等级	年度评价指标得分
A 级	年度评价指标得分 90 分以上
B 级	年度评价指标得分 70 分以上不满 90 分
C 级	年度评价指标得分 40 分以上不满 70 分
D 级	年度评价指标得分不满 40 分或者直接判级确定
M 级	未发生《纳税信用管理办法（试行）》第二十条所列失信行为的新设立企业或评价年度内无生产经营业务收入，且年度评价指标得分 70 分以上

需要注意的是，企业在选择供应商或合作伙伴时，一般优先选择信用评级比较高的 A 级、B 级，特殊情况才会选择 M 级。

纳税信用评级周期为一个纳税年度。参与纳税信用评级的企业范围主要包括：

1. 从事生产、经营并适用查证征收的独立核算企业、个人独资企业和个人合伙企业；

2. 新设立企业，即从首次在税务机关办理涉税事宜之日起时间不满一个评级年度的企业；

3. 评价年度内无生产经营业务收入的企业；

4. 适用企业所得税核定征收办法的企业。

在一个纳税信用评级周期内，有下列情形之一的纳税人，不能参加本期评级：

1. 因涉嫌税收违法被立案查处，尚未结案的；

2. 被审计、财政部门依法查出税收违法行为，税务机关正在依法处理，尚未办结的；

3. 已申请税务行政复议、提起行政诉讼，尚未结案的；

4. 除以上三点，按照相关规定，不应参加本期评级的其他情形。

如果企业有以下情形之一，在本评级周期内将直接被评为D级：

1. 因逃避缴纳税款、逃避追缴欠税、骗取出口退税、虚开增值税专用发票等行为，被判决构成涉税犯罪的；

2. 存在逃避缴纳税款、逃避追缴欠税、骗取出口退税、虚开增值税专用发票等行为，未构成犯罪，但偷税金额10万元以上且占各税种应纳税总额10%以上，或者，虽未构成犯罪，但由于情节较为严重，被税务稽查部门作出“定性”处理，已按要求缴纳税款、滞纳金、罚款的；

3. 在规定期限内未按税务机关处理结论缴纳或者足额缴纳税款、滞纳金和罚款的；

4. 以暴力、威胁方法拒不缴纳税款或者拒绝、阻挠税务机关依法进行税务稽查的；

5. 违反增值税发票管理规定或者违反其他发票管理规定，导致其他单位或者个人未缴、少缴或者骗取税款的；

6. 提供虚假申报材料享受税收优惠政策的；

7. 骗取国家出口退税款，被停止出口退（免）税资格未到期的；

8. 有非正常户记录或者由非正常户直接责任人员注册登记或者负责经营的；

9. 由 D 级纳税人的直接责任人员注册登记或者负责经营的；

10. 被税务机关依法认定，存在其他严重失信情形的。

二、纳税信用评级指标和评级标准

1. 评级指标。

评级指标分为纳税人信用历史信息、税务内部信息、外部信息三个方面。

纳税人信用历史信息包括：基本信息、评价年度之前的纳税信用记录、相关部门评定的优良信用记录和不良信用记录。

税务内部信息包括经常性指标信息和非经常性指标信息。其中，经常性指标信息包括涉税申报信息、税（费）款缴纳信息、发票与税控器具信息、登记与账簿信息。非经常性指标信息包括纳税评估、税务审计、反避税调查信息和税务稽查信息。

外部信息包括外部参考信息和外部评价信息。外部参考信息是指评价年度相关部门评定的优良信用记录和不良信用记录。外部评价信息是指从相关部门取得的影响纳税人纳税信用评价的指标信息，比如税务管理系统、国家统一信用信息平台、新闻媒体采集的信息等。

2. 评级标准。

纳税信用评级由国家税务总局和省税务机关组织实施，按月从税务管理系统中采集评定指标信息。

年度评级指标得分采取扣分方式。纳税人年度经常性指标和非经常性指标信息齐全的，从 100 分起评；非经常性指标缺失的，从 90 分起评；有严重失信行为的纳税人，直接评级。具体内容参照《纳税信用评级指标与扣分标准表》。

需要注意的是，纳税人可以申请信用修复。符合以下条件之一的，可以在规定期限内向主管税务机关申请：

1. 纳税人发生未按法定期限办理纳税申报、税款缴纳、资料备案等事项且已补办的；

2. 未按税务机关处理结论缴纳或者足额缴纳税款、滞纳金和罚款，未构成犯罪，纳税信用级别被直接判为D级的纳税人，在税务机关处理结论明确的期限期满后60日内足额缴纳、补缴的；

3. 纳税人履行相应法律义务并由税务机关依法解除非正常户状态的。

具体修复加分分值和修复标准可以参照《纳税信用修复范围及标准表》。

第二章

合同签订环节的税务管理

第 1 节　建筑业的涉税合同

建筑业涉及的合同有很多，不同类型的工程项目涉及的合同也有所差别。一般来说，常规工程项目会涉及建筑安装合同，包括建筑工程总承包合同、专业分包合同、劳务分包合同、安装合同等；物资采购合同；租赁合同，包括经营性物资设备租赁合同、场地租赁合同、融资租赁合同等；工程质量检测合同；能源供应合同等。

除此之外，在日常施工生产中，建筑企业还可能因为接受其他服务而涉及其他合同，比如培训合同、咨询合同、审计合同、物业管理合同、保洁合同等。

具体来说，建筑业涉及的经济合同包括以下几种：

1. 购销合同，包括供应、预购、采购、购销结合及协作、调剂、补偿、易货等合同；

2. 加工承揽合同，包括加工、定做、修缮、印刷等合同；

3. 建设工程勘察设计合同，包括勘察、设计合同；

4. 建筑、安装工程承包合同，包括建筑总承包合同、专业分包合同、劳务分包合同等；

5. 财产租赁合同，包括租赁房屋、船舶、飞机、机动车辆、机械、设备等合同；

6. 货物运输合同，包括民用航空运输、铁路运输、海上运输、联运等合同；

7. 仓储保管合同，包括仓储、保管合同；

8. 借款合同，包括与银行、金融组织或借款人签订的借款合同，以及融资租赁合同；

9. 技术合同，包括技术开发、转让、咨询、服务等合同；

10. 财产保险合同。

建筑业的很多合同，还会涉及印花税。根据《印花税暂行条例》规定，在经济活动中和经济交往中书立、领受、使用应税经济凭证时，纳税人需要缴纳印花税。印花税具体征税范围包括：经济类合同，产权转移书据，营业账簿，权利、许可证照，经财政部确定征税的其他凭证。

建筑业需要缴纳印花税的经济合同以及其他凭证包括以下几大类：购销合同、加工承揽合同、建设工程勘察设计合同、财产租赁合同、货物运输合同、仓储保管合同、借款合同、财产保险合同、技术合同、产权转移书据、营业账簿，以及权利、许可证照。

可以说，建筑企业涉及的经济合同大部分需要缴纳印花税，但是也有部分合同是不需要缴纳印花税的。不需要缴纳印花税的合同包括：与国家电网单位签订的电力供应合同，集团公司向总承包部、项目部调拨材料的结算单，普通培训合同，工程监理合同，会计、审计、税务咨询合同，最终结算额小于合同额的合同，其他不需要缴纳印花税的合同凭证。

印花税税率可以分为比例税率和定额税率两种。使用定额税率的包括：权利、许可证照，营业账簿中的其他账簿。除此之外，其他征税项目都使用比例税率，最高税率为1‰，最低税率为0.05‰。比如，购销合同，税率为0.3‰，按照购销金额贴花；财产租赁合同，税率为1‰，按照租赁金额贴花。

根据《印花税暂行条例》规定，购销合同的计税依据为合同上载明的“购销金额”。如果合同中所载金额和增值税分开注明，按照不含增值税的合同金额确定计税依据；如果未分开注明，则以合同所载金额作为计税依据。

上海某建筑公司与当地某地产公司签订一份住宅项目工程施工总承包合同。总包合同载明价款为1 000万元，增值税为90万元，那么按照1 000万元缴纳印花税。如果合同中直接约定合同金额为1 090万元，只能按照1 090万元缴纳印花税。即便合同中约定了该金额包括增值税，但是约定不明，也不能按照“分别载明”来定义，也需要按照所载金额（即 1 090 万元）缴纳印花税。

建筑企业在合同签订时，就应该根据合同金额，向机构注册地主管税务机关申报缴纳印花税。所以，印花税应该就地纳税，纳税人应该按季申报。如果是异地施工的工程项目，应该向公司注册地主管税务机关根据合同金额一次性申报印花税。如果是跨地区经营的分支机构，其营业账簿的印花税应该由各分支机构在其所在地申报缴纳。

第2节　普通涉税条款与特定涉税条款

在涉税条款中，有些条款是应当约定的基础内容，有些是为了预防、解决相关风险的特定条款。可以说，前者是普通的涉税条款，后者是特定的涉税条款，两者在合同中约定的内容是有差异的。

一、合同中的普通涉税条款

在合同中，应当约定的基础内容包括以下几个方面：

1. 约定双方的基本信息。

签订经济合同时，可以直接在合同中约定双方的公司名称、纳税人识别号、公司地址、联系电话、银行账户及账号，明确双方是一般纳税人或小规模纳税人。

同时，双方应当在合同中约定销售方开具发票的时间，明确是付款前先开具发票还是在付款后再开具发票。开具发票时，购买方无须再出具有关开票信息和增值税纳税人身份的证明。

2. 约定开具的发票类型。

在合同中应当明确约定销售方销售货物或提供服务后，开具的是增值税专用发票还是增值税普通发票，或者是其他合法合规的发票。

如果销售方汇总开具发票，提供的销货清单不能是自制的，而必须是从税控系统中开具的。同时，票面的劳务及货物栏应当显示“详见销货清单”字样。

3. 约定增值税税率或征收率。

合同中，应当约定提供的增值税发票的税率或征收率，即明确约定税率是13%、9%、6%、5%、3%，还是免税。同时根据销售方的增值税纳税人身份和具体业务，按照实际业务开具增值税发票。

4. 明确约定单价或总价包含的内容，特别是价外费用。

对于材料设备的采购合同，如果需要销售方提供运输服务，在合同中应当明确约定由哪一方负责合同标的物的运输工作，同时在价格中约定合同单价或总价是否包含运输费用。

比如，合同单价或合同总价包含运输费、装卸费等费用，则需要在合同价款注释条款中注明“以上价格包含运输、装卸费等相关费用”字样。

5. EPC 合同的价款应当按照不同经济事项分别约定。

EPC 是指承包方受业主委托，按照合同约定对工程建设项目的设计、采购、施工等实行全过程或若干阶段的总承包项目。

建筑总承包方签订 EPC 合同时，可以将 EPC 工程总承包合同拆成设计合同、物资设备采购合同、建筑安装合同，然后再分别签订。如果建设方不同意拆分，可以要求在合同中分别明确标的设计、设备、施工费的价款，分别计算销售额，并开具增值税发票。因为设计服务、设备销售、建筑服务的增值税税率是不同的，分别为 6%、13%、9%。如果按照“混合销售”来约定价款，且设备销售在企业一年当中的收入占比超过 50%，那么就要按照 13% 的税率计税，将加重增值税的税负。但是如果分别核算，则可以减轻税负，有效节约成本。

二、合同中的特定涉税条款

在合同中，可以约定的特定内容包括以下几个方面：

1. 约定购买方丢失发票时，销售方有配合办理相关手续的义务。

在实际生活中，建筑企业由于种种原因，可能会出现发票丢失的情况。发票丢失后，需要销售方配合办理相关手续，购买方才能抵扣增值税并在企业所得税前扣除成本费用。因此，购买方可以在合同中约定：如果购买方丢失增值税专用发票的发票联和抵扣联，销售方必须向购买方提供专用发票记账联复印件及办理其他相关手续。

2. 约定如何应对销售方纳税人身份发生变化所带来的影响。

根据相关规定，年应征增值税销售额500万元及以下的纳税人为增值税小规模纳税人。不过，已登记为增值税一般纳税人的单位和个人，在2019年12月31日前，可转登记为小规模纳税人，其未抵扣的进项税额可以进行转出处理。

就是说，销售方在购买方招标、签订合同时为增值税一般纳税人，如果履约过程中转成小规模纳税人，那么就会对购买方的增值税税负产生影响。所以，建筑业企业可以在合同中约定，如果销售方由一般纳税人转变为小规模纳税人，或者计税方法发生变化，导致购买方可抵扣的进项税额减少或被税务机关要求补缴税款的，则减少的进项税额或补缴的税款应当由销售方承担。

3. 约定在履约过程中，销售方注销公司所应当承担的责任。

在履约过程中，如果销售方注销公司，将给建筑企业带来不良影响。所以，为了规避风险，建筑企业应当在合同中约定：合同一旦签订，履约过程中销售方原则上不得注销公司；如果确实需注销公司，应当提前通知购买方，并向购买方开具已提供的货物（服务）的发票；否则，由销售方全部承担给购买方带来的经济损失。

同时，购买方需要防止销售方假装注销公司和虚开发票的行为。比如，销售方注销后，以其他公司名义向购买方开具相关发票，购买方凭此列入成本并支付款项，那么就涉嫌虚开增值税发票。因此，在合同中需要约定，不能以第三方名义开具发票，若出现虚开发票情形，销售方应当承担相应责任。

第3节　材料设备采购合同的涉税条款

除了总承包合同，建筑企业涉及最多的就是材料设备采购合同了。

材料设备采购合同中，应当明确约定以下内容：材料设备名称、规格型号；单价和合同总价；合同价格是否包含增值税；交货时间、交货地点；是否需要运输，运输应该由销售方还是购买方负责；是否包含运输、装卸等费用；对材料设备的质量要求、合理损耗等，以及不符合法定质量标准的情况下，双方的解决方式；付款时间和付款条件；是销售方先开具销售发票，还是购买方先支付款项。

因此，建筑企业与销售方签订材料设备采购合同时，需要明确应当约定的涉税条款，做好合同管理和材料设备采购环节的税收管理。

一、材料设备采购合同应该约定的涉税条款

材料设备采购合同中应该约定的涉税条款主要有以下几项：

1. 应该约定的基础涉税条款。

在材料设备采购合同中应该约定一些基础的涉税条款，具体包括：签订合同时，应分别载明金额不含税价和增值税额，同时约定税率；约定销售方提供的发票是增值税专用发票还是增值税普通发票；约定是销售方先开具发票还是购买方先支付款项；针对销售方提供的发票真伪、合规性做出约定，明确违约责任和赔偿。

2. 应该约定税率发生变化时如何进行调价。

在合同金额条款中约定，如果国家税收政策发生变化，或税率变化时，双方应当保持不含税价的金额不变，并对增值额和增值税率及含税合同总价做出调整。

3. 应该约定购买方向销售方支付的价外费用(比如赔偿金、奖励款等)，销售方必须开具相应的增值税应税发票。

4. 应该约定发票开具、发票丢失、作废红冲等条款。

在合同中应该约定在履约过程中不得注销公司，不得要求其他第三方向购买方开具相应发票；如果不得不注销公司，应提前通知购买方，并及时对已经供货或提供服务的部分开具相应发票。

约定销售方必须按照应税业务税目开具增值税发票，并选择正确的项目编码；约定如果购买方不慎丢失有关发票，销售方有义务配合购买方办理有关手续。如果因为种种原因确实导致产生作废、红冲发票的，销售方必须依法配合购买方的工作。

二、材料设备采购合同中的涉税风险

在实务中，建筑企业签订和履行材料设备采购合同时不可避免地存在着一些涉税风险，如果不能了解其风险的危害性并做到有效地防范其风险，将给企业带来不必要的麻烦。所以，我们需要了解一些比较常见的涉税风险：

1. 约定的材料设备明细与实际供应内容不符。

如果合同中约定的材料设备明细与实际供应内容不符，企业应该按照实际供应内容开具发票。如果按照合同约定的内容开具发票，则涉嫌虚开增值税发票风险。

某建筑公司与某材料供应公司签订一份材料供应合同，合同中明确规定供应的产品型号为A、B、C。实际供应时，材料供应公司只向其供应了A、B型号的产品，一共供应1 000万元产品（含税金额），征收率为3%。

该建筑公司按照约定付款比例支付800万元价款，其余款项一直未支付。应付账款逾期2个月后，材料供应公司要求其支付余款。这种情况下，如果不变更合同的相关条款，也不编制结算书，该材料供应公司直接按照合同约定明细开具相关发票，而实际上却未供应此项内容，便涉嫌虚开增值税发票。但是，如果双方签订补充协议，对原有合同条款进行修改、变更后再开具发票，其做法是合法合规的，不会涉嫌虚开增值税发票。

2. 合同金额没有做出价税分离，没有约定增值税税率。

合同中，应当将材料设备价款和增值税税款在发票中分别注明，并约定增值税税率。否则，一旦遇到国家税务政策发生变化，增值税税率调整，将给企业带来一定经济损失。

3. 未明确标明材料设备具体供应哪一工程项目使用。

很多建筑企业签订合同时，只是笼统地约定材料、设备名称、价款等内容，并未标明材料供应给哪一具体项目使用。这样一来，采用简易计税方法去开具购买的材料、设备的增值税专用发票时，便无法抵扣进项税额，无形中增加企业税负。

4. 履约过程中，材料设备供应商突然注销时，建筑企业需要判断其是真注销还是假注销，并拒绝其假借第三方名义开具相应增值税发票。

第4节　机械设备租赁合同的涉税问题

在施工生产过程中，建筑企业可能会将机械设备租赁给其他建筑公司或个人，签订机械设备租赁合同。根据相关法律法规规定，建筑企业将建筑设备出租给他人使用并配备操作人员的，应当按照提供建筑服务的规则缴纳增值税。

一般纳税人发生以下应税行为可以选择建议计税方法：以纳入营改增试点之日前取得的有形动产为标的物的经营租赁服务，和在纳入营改增试点之日前签订的尚未执行完毕的有形动产租赁合同，按照3%的税率缴纳增值税。

具体来说，建筑企业应当在签订租赁合同时明确，一般纳税人提供建筑设备租赁服务适用的税率是13%，小规模纳税人适用征收率是3%。如果提供建筑设备出租并配备操作人员，则按照9%的税率缴纳增值税，小规模纳税人或建筑服务老项目按照3%的税率缴纳增值税。

同时，在施工生产过程中，大部分建筑企业考虑到成本和资金压力，可能不会购买某些大型机械设备，而是采取租赁的方式。机械设备租赁合同便是建筑企业与出租人签订的，租用这部分机械设备（塔吊、打桩机、起重机、升降梯、挖掘机等）并支付租金的合同。

根据相关法律法规规定，机械设备租赁合同应当包括以下内容：租赁物的名称、数量、用途、租赁期限、权属、范围等；明确租赁设备交付的时间、地点、方式及变更方式；明确租赁价格包括哪些费用，列明单独收费的项目；明确各方权利义务及风险、费用承担问题。

如果机械设备在租用期间需要维修，出租人应当履行租赁物的维修义务，但当事人另有约定的除外。建筑企业应当妥善保管租赁的机械设备，若是因为保管不善、使用失误等原因造成租赁物毁损、灭失的，应当承担损害赔偿责任。

一般情况下，建筑企业不经过出租人同意，不得将机械设备转租给第三方，否则，出租人可以解除合同。经过出租人同意后转租给第三方的，建筑企业与出租人的租赁合同继续有效。若是第三方造成机械设备的损失，建筑企业应当按照合同约定承担赔偿责任。

那么，机械设备租赁合同有哪些涉税风险呢？作为承租人的建筑公司又如何防范出现合同风险呢？

一、机械设备租赁合同的涉税风险

1. 未明确规定双方权利与义务，将出租人应当承担的纳税义务转移到建筑企业身上。

很多时候，建筑企业租赁机械设备时，出租人不愿意承担税金，而是在合同中约定“税金由承租方承担”。这类条款没有明确双方的权利与义务，将出租人应当承担的纳税义务转移到建筑企业（承租人）身上，对于建筑企业是非常不利的。因为这类条款约定的合同金额是不含税价的，建筑企业向出租人支付价款后，出租人却不提供机械租赁发票，使得建筑企业无法在缴纳企业所得税前扣除这项支出，而导致税负的增加。

所以，建筑企业应当约定由出租人按照支付的全部租金的金额开具发票，即按含税价开具发票，而不是约定按照不含税价的金额开具发票。

2. 开票人和实际提供租赁服务的出租人、收款人不同。

很多时候，建筑企业租赁自然人个人的机械设备，在当期会计处理时以自然人名义挂账，付款时出租人提供的是机械租赁公司的租赁发票，却要求向某个人银行账户付款，导致开票人和收款人不是一个人。其实，这种操作可能涉嫌虚开发票，建筑企业应当谨慎小心，要求出租人、收款人必须是同一人。

3. 建筑企业与机械租赁公司签订机械租赁合同，但是机械设备却是其他人挂靠再出租的。即出租人并不是机械设备的所有人，也没有从第三方转租机械设备，这样一来出租人开具的发票是不能进行进项税额抵扣的，建筑企业如果不能防范风险，可能遭遇经济损失。

二、机械设备租赁合同的风险防范条款

由于机械设备租赁合同可能存在着约定合同金额模糊不清、约定税金由承租方承担、开票人与收款人不一致等风险，所以建筑企业与机械设备供应商签订合同时，应当具有风险防范意识，在合同中明确约定以下内容：

1. 约定出租人应具有相应的国家和地方政府授予的租赁资质、安装资质。

2. 如果合同金额为不含税价款，约定增值税为多少，价税合计是多少，提供税率为多少的增值税专用发票或增值税普通发票。

3. 约定出租人的收款账户应当以合同约定的在主管税务机关备案的账户为准。如果出租人改变账户，应当及时通知建筑企业，并签订合同变更或补充协议；如果出租人随意改变账户，建筑公司有权暂停支付相关款项。

4. 约定租金单价及合同总金额具体包括的费用，比如租赁设备的使用费、折旧费、租赁物保险费、不可抗力损失费、合理损耗费用等。

5. 约定由哪一方负责维修、检测，费用由哪一方支付，以及维修人员的工资、保险等费用如何支付等。

6. 约定合同中的机械设备为出租人的固定资产或从其他第三方转租的设备，不能是挂靠再出租的。

第 5 节　施工总承包合同的涉税问题

根据《中华人民共和国合同法》规定，施工合同应当包括以下条款：工程范围、建设工期、中间交工工程的开工和竣工时间、工程质量、工程造价、技术资料交付时间、材料和设备供应责任、拨款和结算、竣工验收、质量保修范围和质量保证期、双方相互协作等条款。

比如，某装饰股份有限公司与某大学新建工程一期项目签订装修设计施工总承包合同，暂定价约为 1.55 亿元（含税），其中合同暂定金额约为 1.50 亿元（含税），合同工期为 180 日。

同时，合同还要约定工程概况，包括工程名称，工程批准、核准或备案文号，工程内容及规模，工程所在省市详细地址，工程承包范围等；建筑设计方案来源；主要日期，包括设计开工日期、施工开工日期、工程竣工日期；工程质量标准，包括工程设计质量标准、工程施工质量标准等条款。

为防范合同风险，建筑企业制定和签订施工总承包合同时，针对合同工期、合同金额、合同承包范围等方面需要注意以下几点。

一、合同工期的涉税问题

根据相关规定，建筑工程老项目是指施工许可证注明的合同开工日期在 2016 年 4 月 30 日之前的项目。没有取得施工许可证，但是合同注明的开工日期在 2016 年 4 月 30 日前的也属于老项目。另外，没有施工许可证也没有合同的，根据实质重于形式的原则，只要有相关资料能够证明其开工时间在全面“营改增”之前，也可认定为老项目。而新项目和老项目的增值税计税方式是不同的，建筑企业所承担的税负也不同。

因为在实际业务中可能存在一部分工程项目已经进场施工，但工程施工合同还未签订完毕、无法全面施工的情况。所以，签订合同时必须明确开工时间、竣工时间，不能含糊其辞。

工程施工合同签订后，如果合同约定的开工日期比实际全面开工时间早，按照最早进场时间算。如果计划竣工时间不延迟，就会导致工程整体的工期被压缩。

因此，建筑企业需要明确两点：

1. 开工日期为发包人或者监理人发出的开工通知载明的开工日期；因为承包人原因导致开工时间推迟的，以开工通知载明的时间为开工日期；经发包方同意且已经实际进场施工的，以实际进场施工时间为开工日期。

2. 建设工程经竣工验收合格的，以竣工验收合格之日为竣工日期；承包人已经提交竣工验收报告，发包人拖延验收的，以承包人提交验收报告之日为竣工日期；建设工程未经竣工验收，若是出现发包人擅自使用的情况，则以转移占有建设工程之日为竣工日期。

二、合同金额的涉税问题

合同中应当在相应条款中约定价税分离，比如约定含税价为 1 130 元，税率为 13%。如果未明确交款是否为含税价格，未明确税率是多少，使得条款存在歧义，将给建筑企业带来税务风险。

三、合同承包范围对计税方式的影响

合同承包范围一般分为三种形式，即清包工、包工包料、甲供工程。

清包工是指承包人只负责人工和机械，施工方不采购建筑工程所需的材料，所需建材由发包人负责供应。包工包料是指承包人负责全部人工、材料。甲供工程是指工程发包方（建设方）自行采购全部或部分设备、材料、动力的工程。

清包工方式的合同应当约定承包范围，即承包人包人包工、包质量、包工期、包安全文明施工、包竣工验收。承包人应当对工程的质量、安全、工期、文明施工等全权负责。

根据营改增相关规定，一般纳税人以清包工方式提供的建筑服务，可以选择简易计税方法，按照 3% 的征收率缴纳增值税，不能抵扣进项税额。如果采取一般计税方法，清包工属于建筑服务业的，2018 年 5 月 1 日之前适用 11% 的税率，自 2018 年 5 月 1 日起适用 10% 的税率。

如果以包工包料方式或无甲供材和甲供设备方式总承包工程，只能适用一般计税方法。比如 2018 年，某建筑公司与房地产公司签订一份精装修合同，且合同中的开工时间是在“营改增”之后，那么就只能适用一般计税方法，而不能采取简易计税方法。

而关于甲供材的涉税问题，我们之后将详细讲解，这里不多叙述。

四、约定施工水电费的相关内容

签订施工总承包合同时，建筑企业还需要约定施工水电费的相关内容。

约定工程水电费应当按分部分项综合单价计入，除了水电费外，还包含临时用水、用电的费用和生活用水的费用。明确由哪一方承担水电费，如果约定发包方向能源公司支付，然后从发包方每次支付承建方的工程款中扣除，发包方需要向建筑公司开具相应收据；如果约定建筑公司直接向能源公司支付，则需要向能源公司取得相应发票。

第6节　合同收付款条款与资金管理

对于建筑企业来说，管理好资金，才能避免资金风险和资金管理不善带来的涉税风险。

在资金支付环节，要设立分包款的支付审批制度，比如要求分包单位向建筑企业的工程项目部门报送当月工程履约情况及相关附属资料，确认工程质量、施工进度后发起付款申请并经成本管理部门及其他相关部门审核后，再由财务管理部门审核法律、会计、税务凭证，最后确认支付。

如果建筑企业统一采购材料设备，再调拨给各项目使用，应当由经办材料的采购员根据合同约定，提出付款申请，交由材料设备采购部门签字审批，公司高管人员或分管领导批准后，再由财务部门确认支付。如果材料设备由项目部自行采购，那么应该由项目部的采购（经办）人员发起付款审批手续，由项目经理审批后，经公司高管人员或分管领导批准后，由财务部门确认支付。

由于建筑企业的一些工程项目不在本地，如果企业在工程所在地未设立分公司、未开立银行账户，那么对外支付款项的手续便比较繁琐。这种情况下，如果不设立严格的现金管理制度，或者财务管理不规范，企业的税务风险就比较大了。

因此，建筑企业应当充分结合企业的特点和合同条款，做好资金的管理。

1. 减少现金支付频率，特别是资金较大的支付。

建筑企业需要做好合同收付款管理，尽可能签订相关合同协议，并减少现金支付的频率。

某建筑工程公司符合小微企业的条件，可以享受小微企业税收优惠。按照税法规定，2022年度的应纳税所得额为80万元，应纳税额为8万元。但是，该公司在2022年8月购买建筑材料获得的40万元增值税普通发票被主管税务机关确认为虚开发票，税务稽查部门要求该公司不得税前列支有关购货支出。所以，该建筑公司在2022年应纳税所得额为120万元，已经不符合小微企业的条件，不能享受企业所得税优惠政策，企业所得税税率为25%。

因为该公司所取得的40万元增值税普通发票是以现金支付的，且未签订合同。在无法让供应商补开发票的情况下，无法证明其支付的真实性，是不能在税前扣除的。

2. 合同收款和付款条件的一致性。

签订合同时，要保证合同收款条件和合同付款条件的一致性，否则将出现收到的进度款不足以支付已履约成本的应付款项的问题，造成资金流入小于资金流出。

比如，某建筑企业签订的工程总承包合同的收款条件约定，整体工程达到“正负零”阶段（周期一般为6个月），业主开始向承包方支付相应进度款。然而，该建筑企业每月都需要支付项目的人工费和材料费，每次支付的比例达到应付金额的 50%以上。这样一来，该建筑企业需要承担6个月的资金成本后才有进度款入账，自然也导致了资金紧张的问题。

就是说，建筑企业可以根据总承包合同的收款条件来约定劳务分包、专业分包材料采购合同的付款条件，保证两者的一致性。

3. 利用应收账款与应付账款的双向保理来缓解资金压力。

保理，即保付代理，可以分为正向保理和反向保理。正向保理就是卖方保理，是指由债权人发起业务申请的保理，是应收账款保理。反向保理就是买方保理，是指由债务人发起业务申请的保理，是应付账款保理。

具体来说，应收账款保理是卖方将应收账款转让给保理公司，由保理机构向其提供资金融通、销售账户管理、信用风险担保、催款催收等金融服务。

应付账款保理是建筑企业资金紧张时，由保理机构（金融投资机构、非金融机构风险投资公司）代为支付款项，并收取一定比例费用。实际上，是建筑公司把债务转让给保理公司，由保理公司向供应商支付款项，但是建筑企业需要用资产做担保。

某建筑公司与某房地产公司签订项目合同，后者有2 000万元应收账款未支付给该建筑公司。由于资金紧张，该建筑公司与金融机构签订应收账款保理业务合同，约定从2022年7月21日到12月21日金融机构向该建筑公司提供最高不超过2 000万元的保理额度。这样一来，该建筑公司便可以利用应收账款保理提前将货款收回，缓解资金压力所带来的生产经营问题。

假设由该房地产公司与金融机构签订保理协议，将这2 000万债务转让给金融机构，便由金融机构向该建筑公司支付款项，然后由房地产公司用资产进行担保。

第三章

用工管理环节税费的缴纳与核算

第 1 节 建筑企业的用工管理模式及税务处理

建筑企业的主要用工模式可以分为两种：内部劳务队和外包劳务。不同的用工模式，其会计处理和涉税管理是不同的。

一、建筑企业内部劳务队

部分建筑企业为了节约成本，通常会建立一支内部劳务队。其队长一般由正式员工担任，劳务人员由劳务队长招聘录用。工资薪酬一般由企业直接发放，或者由劳务队长代发。劳务队相当于企业的一个部门，可以设置各类专业班组负责内部项目的施工作业。劳务队如果不对外提供服务，不需要缴纳增值税和企业所得税；如果对外提供服务，则需要缴纳增值税和企业所得税。所以，内部服务队为企业内部项目提供服务，不需要缴纳增值税和企业所得税，只需要考虑人工成本和个人所得税代扣代缴问题就可以了。

企业内部成立的劳务队，不管劳务人员是全日制用工还是临时用工，支付的工资都需要代扣代缴个人所得税，否则无法在企业所得税前扣除。这个问题我们之后会详细讲解，这里不再多说。

二、建筑企业将劳务分包给个人

一些建筑企业会将劳务分包给个人，然后编制农工工资表作为成本费用在企业所得税前扣除。而一些“包工头”则会以个人名义到税务机关代开劳务费发票给建筑企业，那么，代开的劳务费发票是属于“劳务报酬”税目还是“经营所得”税目呢？

首先我们要了解两者的概念。

劳务报酬所得是指个人从事劳务取得的所得，包括从事设计、装潢、安装、制图、化验、测试、书画、雕刻、影视、录音、录像、技术服务、介绍服务、经纪服务、代办服务以及其他劳务取得的所得。

经营所得是指个体工商户业主、个人独资企业投资者、合伙企业个人合伙人、承包承租经营者个人以及其他从事生产、经营活动的所得，包括个体工商户从事生产、经营活动取得的所得，个人独资企业投资人、合伙企业的个人合伙人来源于境内注册的个人独资企业、合伙企业生产、经营的所得；个人依法从事办学、医疗、咨询以及其他有偿服务活动取得的所得；个人对企业、事业单位承包经营、承租经营以及转包、转租取得的所得；个人从事其他生产、经营活动取得的所得。

由此可见，个人提供建筑劳务可以算作是“劳务报酬”，也可以算作“经营所得”。如果算作“劳务报酬”，应当缴纳个人所得税，由向个人支付所得的单位或个人依法预扣预缴或代扣代缴税款。如果建筑企业未履行代扣代缴义务，则可能陷入偷税漏税的风险。

如果算作“经营所得”则属于建筑劳务，根据相关税法规定，承包建筑安装业各项工程作业的承包人取得的经营所得，应区别不同情况计征个人所得税。

经营成果归承包人个人的，或者按照承包合同规定，将一部分经营成果留归承包人个人的所得，按经营所得项目征税；以其他分配方式取得的所得，按工资、薪金所得项目征税。从事建筑安装业的个体工商户和未领取营业执照承揽建筑安装业工程作业的建筑安装队和个人，以及建筑安装企业实行个人承包后工商登记改变为个体经济性质的，所得的收入应依照经营所得项目缴纳个人所得税。其他人员的所得，分别按照工资、薪金所得项目和劳务报酬所得项目缴纳个人所得税。

三、建筑劳务分包、劳务派遣服务以及人力资源外包服务

1. 建筑劳务分包。

建筑劳务分包是建筑总承包企业将劳务作业分包给具有资质的劳务分

包企业。

建筑劳务分包公司的劳务作业属于清包工，一般纳税人可以选择一般计税方法开具9%税率的增值税专用发票，也可以选择简易计税方法开具 3%税率的增值税专用发票。小规模纳税人则适用简易计税方法开具 3%税率的增值税专用发票。

一般来说，劳务分包企业如果是一般纳税人，通常会选择简易计税方法。

2. 劳务派遣服务。

建筑企业也可以把劳务外包给劳务派遣公司。劳务派遣公司与派遣工签订劳动合同，把其派往建筑公司，再由建筑公司向劳务派遣公司支付服务费用。

由项目部门负责对派遣工进行考勤，建筑企业向派遣公司支付用工工资、社保、管理费等，然后再由劳务派遣公司向建筑公司开具劳务派遣服务发票。

劳务派遣公司如果是一般纳税人，以取得的全部价款和价外费用为销售额，按照一般计税方法缴纳增值税；或者选择差额纳税的方式，即以取得的全部价款和价外费用扣除代建筑企业支付给劳务派遣工的工资、福利等余额为销售额，按照 5% 的征收率缴纳增值税。

劳务派遣公司如果是小规模纳税人，以取得的全部价款和价外费用为销售额，按征收率 3% 计算缴纳增值税；同样，也可以选择差额纳税的方式，但是如果选择差额纳税方式，其向建筑公司收取的用于支付劳务派遣工的工资、福利等的费用，不得开具增值税专用发票。

3. 人力资源外包服务。

建筑企业将劳务外包给人力资源服务公司，存在两种情况：一是人力资源服务公司只提供猎头服务，收取一定比例的服务费；二是不仅提供猎头服务，还提供劳务派遣服务。

如果是增值税一般纳税人选择一般计税方法，提供猎头服务的，按照6% 税率缴纳增值税。如果选择简易计税方法，或者是小规模纳税人，提供猎头服务的，按照 5% 的征收率缴纳增值税。其销售额等于取得的全部价款和价外费扣除向员工发放的工资和代理缴纳的社会保险、住房公积金的余额。

第 2 节　企业职工薪酬的核算与涉税管理

根据《企业会计准则》规定，企业职工是指与企业订立劳动合同的所有人员，包括全职、兼职和临时职工，也包括虽未与企业订立劳动合同但由企业正式任命的人员，以及与劳务中介公司签订用工合同的劳务派遣人员。

就是说，职工薪酬不仅包括发放给与企业订立劳动合同的、未订立劳动合同但由企业任命的所有人员的工资、薪金和福利费等，还包括直接发放给劳务派遣人员的工资、薪金和福利费等。

职工薪酬主要包括短期薪酬、离职后福利、辞退福利和其他长期职工福利。短期薪酬主要包括职工工资、奖金、津贴和补贴，职工福利费，医疗保险费、工伤保险费和生育保险费等社会保险费，住房公积金，工会经费和职工教育经费，短期利润分享计划等。

根据规定，职工福利费应当在实际发生时根据实际发生额计入当期损益或相关资产成本。为职工缴纳的社会保险费、住房公积金，以及按规定提取的工会经费和职工教育经费，应当在职工为企业服务的会计期间，确定相应的职工薪酬金额，并确认为相应负债，计入当期损益或相关资产成本。

一、工资、薪金的税前扣除

根据《企业所得税法实施条例》规定，企业发生的合理的工资、薪金支出，准予扣除。需要注意的是，准予扣除的工资、薪金支出，应该是企业已经实际支付给职工的。而合理的工资、薪金支出必须满足以下条件：

1. 企业制订较为规范的员工工资、薪金制度；

2. 企业所制订的工资、薪金制度合理合法，符合行业及地区水平标准；

3. 所发放的工资、薪金是相对固定的、有序的；

4. 对实际发放的工资、薪金已经代扣代缴个人所得税，且对于工资、薪金的安排不能以减少或逃避税款为目的。

同时，《企业所得税法实施条例》规定，职工福利费支出，不超过工资、薪金总额14%的部分，准予税前扣除。其中工资、薪金总额不包括职工福利费、职工教育经费、工会经费、社会保险费和住房公积金。固定与工资、薪金一起发放的福利性补贴，可以作为企业发生的工资、薪金支出，按规定在税前扣除。福利费、抚恤金、救济金，免征个人所得税。

企业拨缴的职工工会经费，不超过工资、薪金总额2%的部分，凭借工会组织开具的专用收据，准予税前扣除。一般来说，工会经费支出主要包括职工活动支出、维权支出、业务支出、资本性支出、事业支出和其他支出。

职工教育经费支出，不超过工资、薪金总额8%的部分，准予扣除；超过部分，准予在以后纳税年度结转扣除。职工教育培训经费主要包括上岗和转岗培训、各类岗位适应性培训、岗位培训、职业技术等级培训、高技能人才培训、专业技术人员继续教育、特种作业人员培训、企业组织的职工外送培训的经费支出等。

综上，不论是工资、薪金还是福利费支付、职工教育经费支出，只有在实际发生支出后才予以税前扣除。同时，相关费用支付在税前扣除时必须取得合法有效凭证，否则不予扣除。

二、劳务派遣用工的会计核算与涉税政策

根据《财政部　国家税务总局关于进一步明确全面推开营改增试点有关劳务派遣服务、收费公路通行费抵扣等政策的通知》规定，一般纳税人提供劳务派遣服务的，以取得的全部价款和价外费用为销售额，按照一般计税方法计算缴纳增值税，适用的税率为6%。

如果选择差额纳税，销售额则为取得的全部价款和价外费用减去代用

工单位支付给劳务派遣员工的工资、福利和为其办理社会保险及住房公积金后的余额，按照简易计税方法计算缴纳增值税，征收率为5%。

小规模纳税人提供劳务派遣服务，销售额为取得的全部价款和价外费用，按照简易计税方法计算缴纳增值税，征税率为3%，不得抵扣进项税额。同样也可以选择差额纳税的方式，销售额、计税方法和征收率的确定如上。

需要注意的是，选择差额纳税的纳税人，向用工单位收取用于支付给劳务派遣员工工资、福利和为其办理社会保险及住房公积金的费用，应开具普通发票，不得开具增值税专用发票。

就是说，不论是一般纳税人还是小规模纳税人，选择差额纳税时，可以根据取得的全部价款和价外费用，按照5%的征收率全额开具增值税普通发票；也可以根据取得的全部价款和价外费用，扣除代用工单位支付给劳务派遣员工的工资、福利和为其办理社会保险及住房公积金后的余额，按照5%的征收率开具增值税专用发票。

同时，根据国家税务总局相关规定，企业接受外部劳务派遣用工所实际发生的费用，在税前扣除时应当分为两种情况：一是按照合同约定直接支付给劳务派遣公司的费用，应作为劳务费支出；二是按照合同约定直接支付给员工个人的费用，应作为工资、薪金支出和职工福利费支出。后者准予计入企业工资、薪金总额的基数，作为计算其他各项相关费用扣除的依据。

河北某建筑公司承包了一项工程，总价款为1 000万元，支付给劳务派遣公司200万元劳务派遣费用，其中180万元，劳务派遣公司用于派遣员工的工资、福利以及社会保险、住房公积金的费用。

假设该派遣公司选择差额纳税，向该建筑公司开具一张增值税专用发票。那么劳务派遣公司应纳增值税额为：

应纳税额＝（200 － 180）÷（1 ＋ 5%）×5% ＝ 0.95（万元）。

假设该派遣公司为增值税一般纳税人，选择一般计算方法，适用税率为6%，那么应纳税额为：

应纳税额＝200÷（1＋6%）×6%＝11.32（万元）。

假设按照合同约定，劳务派遣费用总金额为116.6万元，其中100万元劳务派遣人员的工资、薪金，由该建筑公司直接支付给员工。劳务派遣公司没有选择差额纳税，并向该建筑公司开具增值税专用发票，应当标明发票金额116.6万元，其中增值税额6.6万元。

第3节 个人所得税的代扣代缴

个人所得税以所得人为纳税人，以支付所得的单位或个人为扣缴义务人。按照《个人所得税扣缴申报管理办法》规定，扣缴义务人应当依法办理全员全额扣缴申报，即扣缴义务人应当在代扣税款的次月15日内，向主管税务机关报送其支付所得的所有个人相关信息、支付所得数额、扣除事项和数额、扣缴税款的具体数额和总额，以及其他涉税信息资料。

个人所得税全员全额扣缴申报的应税所得额包括：工资、薪金所得，劳务报酬所得，稿酬所得，特许权使用费所得，经营所得，利息、股息、红利所得，财产租费所得，财产转让所得，偶然所得。经营所得由纳税人自行预缴和申报。

个人所得税采取累计预扣法，扣缴义务人按月办理扣缴申报。其具体预扣率表如下：

表3-1 年度预扣预缴个人所得税税率表

（按60 000元起征点—综合所得适用）

级数	累计预扣预缴应纳税所得额	预扣率（%）	速算扣除数
1	不超过36 000元	3	0
2	超过36 000元 至144 000元的部分	10	2 520元
3	超过144 000元 至300 000元的部分	20	16 920元
4	超过300 000元 至420 000元的部分	25	31 920元

续　表

级数	累计预扣预缴应纳税所得额	预扣率（%）	速算扣除数
5	超过 420 000 元 至 660 000 元的部分	30	52 920 元
6	超过 660 000 元 至 960 000 元的部分	35	85 920 元
7	超过 960 000 元的部分	45	181 920 元

根据《个人所得税专项附加扣除操作办法（试行）》规定，子女教育、赡养老人、继续教育、住房租金、房贷利息、大病医疗、婴幼儿照护等项目可以依法予以专项扣除、专项附加扣除。比如，纳税人的子女接受全日制学历教育的相关支出，可以按照每个子女每月 1 000 元的标准定额扣除。在一个纳税年度内，纳税人发生的与基本医保相关的医药费用支出，扣除医保报销后个人负担累计超过 15 000 元的部分，在办理年度汇算清缴时，可以在 80 000 元限额内据实扣除。

某建筑公司员工林林，于 2022 年 1 月开始从事项目经理工作，每月应发工资均为 10 000 元，每月减除费用 5 000 元，“三险一金”等专项扣除为 1 500 元，享受子女教育专项附加扣除 1 000 元。那么，每月预扣预缴税额为：

（10000 − 5000 − 1500 − 1000）× 3% = 75（元）。

如果林林属于劳务用工，那么其扣缴个人所得税应当按照“劳务报酬”计算，其工资收入每次不超过 4 000 元的，减除费用按 800 元计算；每次收入 4 000 元以上的，减除费用按 20% 计算。劳务报酬所得以每次收入额为预扣预缴应纳税所得额。劳务报酬所得适用 20% 至 40% 的超额累进预扣率。

表 3-2 个人所得税预扣率表二

级数	预扣预缴应纳税所得额	预扣率（%）	速算扣除数
1	不超过 20 000 元	20	0
2	超过 20 000 元 至 50 000 元的部分	30	2 000 元
3	超过 50 000 元的部分	407	7 000 元

假设林林为该建筑公司提供拧钢筋的劳务，工作时间 7 天，取得劳务报酬 3 000 元。那么，建筑企业应代扣代缴的个人所得税为：

应税收入额 = 3000 ×（1 − 20%）= 2400（元）。

应预扣预缴税额 = 2400 × 20% = 480（元）。

除此之外，劳务报酬所得、稿酬所得、特许权使用费所得，其收入额为收入减除 20% 的费用后的余额；稿酬所得的收入额减按 70% 计算。个人对教育、扶贫、济困等公益慈善事业进行捐赠，捐赠额未超过纳税人申报的应纳税所得额 30% 的部分，按照规定可以予以扣除。从中国境外取得的所得，已在境缴纳的个人所得税税额可以在应纳税额中抵免。但是，抵免额不得超过该纳税人境外所得的应纳税额。

个人财产转让所得，以转让财产的收入额减除财产原值和合理费用后的余额，为应纳税所得额。个人财产租赁所得，每次收入不超过 4 000 元的，减除费用 800 元；超过 4 000 元的，减除 20% 的费用，余额为应纳税所得额。

第 4 节　农民工工资的涉税管理

这里所说的农民工是指为用人单位提供劳动的农村居民。工资是农民工为用人单位提供劳动后应当获得的劳动报酬。

根据《保障农民工工资支付条例》规定，工程建设领域推行分包单位农民工工资委托施工总承包单位代发制度。

分包单位应当按月考核农民工工作量并编制工资支付表，经农民工本人签字确认后，与当月工程进度等情况一并交施工总承包单位。施工总承包单位根据其工资支付表，通过农民工工资专用账户直接向农民工本人支付，并向分包单位提供代发工资凭证。

用于支付农民工工资的银行账户所绑定的农民工本人社会保障卡或者银行卡，用人单位或者其他人员不得以任何理由扣押或者变相扣押。

根据国家税务总局以及个人所得税法相关规定，向个人支付所得的单位和个人为扣缴义务人。国家税务总局还进一步明确规定，凡是税务机关认定对所得的支付对象和支付数额有决定权的单位和个人为扣缴义务人。就是说，分包单位委托总承包单位代发农民工工资，且分包单位属于“所得的支付对象和支付数额有决定权”的，那么分包单位为农民工工资个人所得税的扣缴义务人。

扣缴义务人应扣未扣、应收而不收税款的，由税务机关向纳税人追缴税款，对扣缴义务人处应扣未扣、应收未收税款 50% 以上 3 倍以下的罚款。

分包单位农民工工资委托施工总承包单位代发，属于分包单位的成本，由分包单位开具发票的金额应当包括代发工资部分。

某建筑公司承包某房地产开发企业的住宅承建工程，该工程项目采用一般计税方法。该建筑公司与某劳务公司签订劳务分包合同，于 2022 年 11 月 30 日确认劳务分包工程计价金额为 1 030 万元，并收取该劳务公司开具的增值税专用发票，其中增值税额为 30 万元。

根据合同约定，该建筑公司于 2022 年 12 月 1 日向该劳务公司支付劳务分包款 930 万元，并通过农民工工资专用账户直接向农民工个人工资账户转账 100 万元。在收取发票时，该建筑公司的会计处理如下：

借：合同履约成本——工程施工——人工费　　10 000 000 元

　　应交税费——应交增值税（进项税额）　　300 000 元

贷：应付账款——劳务分包商

12 月 1 日，代发农民工工资时的会计处理如下：

借：应付账款——劳务分包（代发农民工工资部分）　　1 000 000 元

贷：银行存款（代发农民工工资金额）　　1 000 000 元

支付劳务分包款时的会计处理如下：

借：应付账款——劳务分包

　　（扣除农民工工资后的分包款）　　9 300 000 元

贷：银行存款（支付给劳务分包方的分包款）　　9 300 000 元

营改增后，总承包公司与建筑劳务公司签订清包工合同，按照税法规定，建筑劳务公司按照 11% 税率征税。清包工合同可以选择简易计税，所以总承包公司与建筑劳务公司签订清包工合同，可以按照 3% 税率来缴纳增值税。

需要注意的是，与建筑劳务公司签订清包工合同，总承包公司的人工费可以抵扣 3%。签订清包工合同时，总承包公司可以少缴纳增值税，实现合理节税的目的。

实务中，一些建筑企业通过劳务派遣的模式使用农民工，即与劳务派遣公司签订劳务派遣合同。根据相关税法规定，营改增以后，劳务派遣公司按照 6% 税率征收增值税，建筑企业的人工费可以抵扣 6%。

如果劳务派遣公司选择差额纳税的方式，采用简易计税方法，则以取得的全部价款和价外费用扣除支付给派遣人员的工资、保险福利费用以及住房公积金后的余额，按照5%的征收率缴纳增值税。

不过，根据税法规定劳务派遣公司选择差额征税时，只能抵扣差额部分的税，且支付给被派遣职工的保险福利费只能开增值税普通发票。比如，某劳务派遣公司收到建筑企业支付的人工费1 000万元，其中800万元用于支付被派遣员工的工资、福利费用。劳务派遣公司采用差额征税，那么差额征税税额为：

（1000 － 800）÷（1 ＋ 5%）×5% ＝ 9.52（万元）。

就是说，对于建筑企业来说，支付1000万元分工费用，只收到800万的普通发票和200万的增值税专用发票，其中，只有9.52万元是可以抵扣的，无疑增加了税负。因此，建筑企业最好与建筑劳务公司签订清包工合同，而不是签订劳务派遣合同。

另外，根据《印花税暂行条例》规定，建筑安装工程承包合同按“承包金额”的0.3%计贴印花。因此，计算征缴印花税时，建筑企业代分包单位发放工资部分还应当按照规定缴纳印花税。

第 5 节　个人独资企业和个体工商户的涉税管理

随着建筑企业用工模式不断发展，新型建筑用工体系逐渐形成。施工总承包、专业承包企业开始重点培养以特种作业、高技能建筑工人为主的自有建筑工人队伍。在这种情况下，建筑企业建筑劳务用工模式发生转变，由原来的“建筑企业—劳务分包—包工头—班组长—农民工”模式转变为“建筑企业—班组长—农民工”模式。

其中，班组长是一些有能力和经验的技术骨干，在政策的鼓励下，开始成立以特种作业为主的个人独资公司或注册成为个体工商户。这些个人独资公司或个体工商户只要属于小规模纳税人，便可以享受增值税、行政事业性收费、政府性基金等减免政策。

一、个人独资公司、个体工商户的特征

个人独资企业在管理体系上适用《中华人民共和国个人独资企业法》，它是自然人投资的，以其全部资产为投资人所有的营利性经济组织。个体工商户在注册和管理体系上适用《个体工商户条例》，它也是自然人投资的，以其全部资产为投资人所有的营利性经济组织。

个人独资企业通常以“部”“工作室”“中心”命名，比如 ×× 建筑设计中心、×× 工程服务中心、×× 安装服务中心、×× 建筑装饰工程队等。

个人独资企业、个体工商户可以是小规模纳税人，也可以是一般纳税人。根据税法规定，连续经营 12 个月以内营业收入未超过 500 万元的为增值税小规模纳税人，适用简易计税，开具征收率为 3% 的增值税普通发票，可以由注册地主管税务机关代开征收率为 3% 的增值税专用发票。而连续

经营 12 个月以内营业收入大于 500 万元的为增值税一般纳税人，根据经营范围的不同适用 0%、6%、9%、13% 的税率。

二、核定征收政策

根据相关税法规定，个人独资企业是不需要缴纳企业所得税的，投资人个人只需要就所取得的“经营所得”缴纳个人所得税就可以了。另外，个人独资企业的投资人、合伙企业的自然人合伙人取得的收入为“经营所得”，可以争取核定征收。

根据税收征管法规定，纳税人有下列情形之一的，税务机关有权核定其应纳税额：

1. 依照法律、行政法规的规定可以不设置账簿的；

2. 依照法律、行政法规的规定应当设置但未设置账簿的；

3. 擅自销毁账簿或者拒不提供纳税资料的；虽设置账簿，但账目混乱或者成本资料、收入凭证、费用凭证残缺不全，难以查账的；

4. 发生纳税义务，未按照规定的期限办理纳税申报，经税务机关责令限期申报，逾期仍不申报的；

5. 纳税人申报的计税依据明显偏低，又无正当理由的。

核定征收包括：定额征收、核定应税所得率征收。

应纳税所得额的计算公式为：

应纳税所得额＝收入总额 × 应税所得率

或应纳税所得额＝成本费用 ÷（1 －应纳税所得率）× 应税所得率

应纳所得税额＝应纳税所得额 × 适用税率

其中，应税所得率的核定范围如下表：

表 3-3 应税所得率的核定范围表

行业类型	应税所得率
工业、交通运输业、商业	5% ～ 20%
建筑业、房地产开发业	7% ～ 20%
饮食服务业	7% ～ 25%
娱乐业	20% ～ 40%
其他行业	10% ～ 30%

由此可见，建筑业应纳所得率的核定范围为 7% ～ 20%，具体税率应当以各省市地区的税务文件规定为准。同时，国家和各省市地区为促进地区经济发展和招商引资，往往会给予企业相应的优惠政策，比如高新科技工业园区、创业孵化中心等一般按照最低核定应税所得率。如果纳税人在这些地区成立个人独资企业或注册个体工商户便可以享受相应的减征优惠政策。

某建筑企业的班组长于 2022 年 7 月成立个人独资企业——某建筑工程服务中心，注册地为某地创业孵化中心。该建筑工程服务中心为小规模纳税人，经营所得符合核定征收的条件，应税所得率核定为 7%。

假设 2022 年 10 月该建筑工程服务中心开票金额为 150 万元（不含税），核定征收小规模纳税人征收率 3%。城市维护建设税、教育费附加、地方教育附加的税（费）率分别为：7%、3%、2%，按照当地规定增值税小规模纳税人应激纳的资源税、城市维护建设税、教育费附加、地方教育附加减征 50%。

那么，2022 年 10 月该建筑工程服务中心应缴纳税费如下：

应纳增值税＝ 150×3% ＝ 4.5（万元）。

应交城市维护建设税以及附加税＝ 4.5×（7% ＋ 3% ＋ 2%）×50% ＝ 0.27（万元）。

假设不采取核定征收方式，那么该班组长经营所得所适用的个人所得税税率为 20%，扣除数为 10 500 元，其经营所得应缴纳的个人所得税为：

应纳个人所得额（经营所得）= 150 × 7% = 10.5（万元）。

应纳税额= 105000 × 20% − 10500 = 10500（元）。

由此可见，采取核定征收方式对于个人独资企业是有利的，可以有效地减少税负。

第6节 甲供材与甲控材的纳税问题

在工程承揽过程中，作为承包方的建筑企业虽然承包了工程项目，但是合同中往往会约定甲供材或甲控材的条款。约定甲供材或甲控材的合同，其财税处理与发票管理是有所不同的。

一、甲供材的财税处理

之前我们讲过，甲供材就是建设方直接向承建方提供部分或全部材料。即便建设方只供应一颗螺丝钉，该工程也属于增值税规定的甲供工程。如果建设方向承建方提供全部材料和设备，则该工程属于清包工工程。

一般纳税人为甲供工程提供的建筑服务，纳税人可以选择一般计税方法，也可以选择简易计税方式。

某建筑企业承包某房地产开发企业的房屋建筑安装工程，合同约定总价款为8 000万元(含税价)，包含该建筑企业采购的材料价款200万元(不含税)，取得增值税专用发票。此外，合同约定水泥、混凝土和钢材由房地产开发企业提供，合计价款为2 000万元（不含税），取得增值税专用发票，“甲供材”不包含在合同总价款内。

由于甲供材不属于施工企业取得的价款和价外费用，所以不计入其建筑服务增值税计税依据。假设该建筑企业为一般纳税人，适用一般计税方法，增值税税率是9%，那么销项税额为：

8000÷（1＋11%）×11%＝976.79（万元）。

采购的材料可以按照规定抵扣增值税进项税额为：

200 × 17% = 34（万元）。

假设该建筑企业采用简易计税方法，征收率为 3%，应纳增值税为：

8000 ÷（1 + 3%）× 3% = 233.01（万元）。

另外，建筑企业采购的材料不得抵扣增值税进项税额。

需要注意的是，如果甲供材金额不计入工程总价款，材料采购和结算全部由建设方负责，承建的建筑公司只负责材料进场时的到货点验和使用管理，那么合同收入和合同成本的核算不包含甲供材内容。承建的建筑企业在签订总承包合同时，可以约定向建设方收取一定比例的甲供材管理费，并按照“价外费用”向建设方开具建筑服务发票。

如果甲供材计入工程总价款，承建的建筑企业则需要向建设方开具相应的销项发票，同时，建设方也需要向建筑企业开具甲供材销售发票。一般来说，建设方提供的甲供材是不需要建筑企业支付相应费用的，而是直接从支付的工程款中扣除。

天津某建筑公司为增值税一般纳税人，承建的某工程项目采用一般计税方法，适用税率为 9%，项目总造价 10 000 万元，包含甲供材金额 1 000 万元，并向建设方开具含甲供材的工程服务发票。

如果建设方开具相应的甲供材销售发票，那么这部分销项就有销项可以抵扣。如果建设方未开具相应的甲供材销售发票，那么这部分销项便没有进项可以抵扣，应当全额缴纳增值税。

应纳税额 = 1000 × 9% = 90（万元）。

当建筑企业未取得甲供材发票时，是不能将甲供材金额计入合同成本的，不能在企业所得税前扣除。同样，当总造价中不含甲供材金额时，合同成本也不得核算甲供材的费用，不得向建设方开具甲供材部分的销项发票。

二、甲控材的财税处理

甲控材也称之为甲指材料，是指工程施工所需关键设备或材料由建设方指定设备或材料的品牌、规格、型号、技术参数、质量性能和价位等。

在实务中，因为供应商由建设方指定，材料价格也受建设方影响。所以对于承建方的建筑企业来说，其利润率是很低的。如果建筑企业承建的项目采取一般计税方法，与甲方签订甲指材料付款协议时，应尽可能选择一般纳税人，要求其提供税率为13%的增值税专用发票，以便于抵扣销项。

甲控材时，发包方与建筑企业签订包工包料的合同，但是合同中不能有施工企业向某材料供应商采购材料的字样。建筑企业与材料供应商签订采购合同，材料供应商应当开具增值税专用发票。

根据“三流一致”的原则，建筑企业也可以选择甲指分包的模式。即由总包方与指定分包方签订分包合同及款项的支付，并在支付分包款项时收取增值税发票。“三流一致”原则是指货物、资金和发票的流动指向同一法律主体。增值税实务中所说的“三流一致”就是货物流、资金流、发票流相互统一，不仅要求收款方、开票方和货物销售方或劳务提供方必须是同一个经济主体，还要求付款方、货物采购方或劳务接受方必须是同一个经济主体。

如果发包方直接向分包方支付款项，总承包适用简易计税方法，收取分包方的增值税普通发票的，应当由发包方、总包方、分包方签订三方合同或委托付款协议，明确发票及资金支付关系，避免发生税务风险；如果总承包适用一般计税方法，收取分包方的增值税专用发票，应当由发包方开具转账支票或汇票给总包方，再由总包方背书支付分包方的分包款项，以便进行进项税额抵扣。

在甲指分包中，总包方可以向分包方收取费用（分包配合费），应计入“企业管理服务”，按照6%的税率缴纳增值税。

实务中，甲控材容易产生诸多问题。比如某建筑企业承建某单位新建办公大楼装饰工程项目，总造价为300万元，其中150万元为甲控材，招标文件规定甲控材不得调整且不可竞争。这意味着材料和设备采购只有一半是用来招标的，另一半是被甲方控制的。对于承建方的建筑企业来说，其利润是相当少的，同时可能因为招标采购单位的工程项目负责人和经办人员谋私利行为，导致工程质量出现问题。

第四章

物资采购与工程施工环节税费的缴纳与核算

第 1 节　采购业务的会计处理

采购业务的会计核算，不仅包括材料物资、设备、不动产等资产入账价值的确认与计量，还包括对采购环节增值税等相关税费的会计核算。

一、一般采购业务的会计处理

一般采购业务的主要内容包括采购一般原材料、委托加工物资、购买建筑服务、购买运输服务、进口货物或接受境外服务、搭建临时设备、购置不动产。

建筑企业从国内采购货物、服务，按增值税专用发票上注明的增值税额，借记“应交税费——应交增值税（进项税额）”科目；按照专用发票上记载的应计入采购、成本的金额，借记“原材料”“周转材料”“管理费用”“固定资产”“合同履约成本——工程施工（明细科目）”“其他业务成本”等科目；按照应付或实际支付的金额，贷记“应付账款”“应付票据”“银行存款”等科目。

我们通过以下案例主要介绍采购一般原材料、委托加工、购买建筑服务等内容的会计处理。

2022 年 8 月，某建筑企业购入一批施工原材料，货款为 33.9 万元（含税价格），发票账单已收到，全部款项以银行存款支付；因材料存在质量问题退回一部分，销货方退回价款 2 万元，增值税款 2 600 元，已收到对方开具的红字增值税专用发票。

9 月，该建筑企业项目部委托 A 公司加工材料，原材料成本为 10 万元，支付的加工费为 9.04 万元（含税销售额），加工费用已支付。适用增值税税率为 13%，增值税进项税额为 1.04 万元。

同时，该建筑企业承建某房地产公司的装修装饰服务，将有关劳务作业分包给有资质的建筑劳务公司，支付劳务费用 20.6 万元。该建筑劳务公司是小规模纳税人，提供的劳务发票为 3% 的增值税专用发票。

10 月，该建筑企业从国外进口一台机械设备，价款 1 500 万元，通过银行存款支付，缴纳进口环节的增值税 195 万元，取得海关进口增值税专用缴款书。

该建筑企业于 2022 年 8、9、10 月的会计处理如下：

（一）8 月的账务处理：

借：原材料　300 000 元

　　应交税费——应交增值税（进项税额）　39 000 元

贷：银行存款　339 000 元

借：银行存款　22 600 元

　　应交税费——应交增值税（进项税额）　– 2 600 元

贷：原材料——钢材　20 000 元

（二）9 月的账务处理：

（1）委托加工物资

发出委托加工材料：

借：委托加工物资　100 000 元

贷：原材料　100 000 元

支付加工费用：

借：委托加工物资　80 000 元

　　应交税费——应交增值税（进项税额）　10 400 元

贷：银行存款　90 400 元

加工完成收回委托加工材料：

借：原材料　180 000 元

贷：委托加工物资　18 000 元

（2）购买建筑服务

借：合同履约成本——工程施工（人工费）　200 000 元

应交税费——应交增值税（进项税额） 6 000 元

贷：银行存款 206 000 元

（三）10 月的账务处理：

借：固定资产 15 000 000 元

应交税费——应交增值税（进项税额） 1 950 000 元

贷：银行存款 16 950 000 元

二、待认证进项税额的会计处理

待认证进项税额是指一般纳税人因为未经税务机关认证，不得从当期销项税额中抵扣的进项税额。

某建筑企业于 2023 年 3 月采购一批原材料，价款为 100 万元，适用 13% 税率，增值税为 13 万元，取得一张增值税专用发票，未在当月认证。

那么该建筑企业的账务处理如下：

（一）4 月购进原材料时：

借：原材料 1 000 000 元

应交税费——待认证进项税额 130 000 元

贷：应付账款 1 130 000 元

（二）5 月份认证时：

借：应交税费——应交增值税（进项税额） 130 000 元

贷：应交税费——待认证进项税额 130 000 元

需要注意的是，一般纳税人企业购进的货物已到达并验收入库，但尚未收到增值税扣税凭证且未付款的，应在月末按货物清单或相关合同协议上的价格暂估入账，增值税的进项税额不需要暂估入账。下月初，用红字冲销原暂估入账金额，等到取得增值税扣税凭证并认证后，按相关科目计入相关成本费用或资产的金额。

三、进项税额转出的会计处理

当企业购进的货物发生非正常损失，或者用于简易计税方法计税项目、免征增值税项目、集体福利或个人消费时，其进项税额不得从销项税额中扣除。

如果增值税额在购进时已经从当期的销项税额扣除，应将其从进项税额中转出，在本期的进项税额中抵减。

某建筑企业购入一台机械设备，用于简易计税方法计税项目，适用税率为3%，取得增值税普通发票，价款为50万元，增值税额为65 000元。已经付款，设备已经交付使用。购入的机械设备入账时，账务处理如下：

借：固定资产　　56 500元

贷：银行存款　　56 500元

需要注意的是，纳税人成为增值税一般纳税人后，一旦发生增值税偷税、骗取出口退税和虚开增值税扣税凭证等行为，主管税务机关可以对其实行不少于6个月的纳税辅导期管理。

在辅导期，一般纳税人从国内采购的货物或接受的应税服务，已经取得的增值税凭证，按税法规定不符合抵扣条件，暂时不得在本期申报抵扣的进项税额。收到税务机关告知的稽核比对结果通知书及其明细清单后，才能按照稽核比对结果通知书中明细清单注明的稽核相符、允许抵扣的进项税额。

第 2 节　采购业务的涉税管理

营改增后，增值税一般纳税人在采购环节发生的增值税支出，可以作为进项税额从销项税额中抵扣。销售方纳税人可以分为一般纳税人和小规模纳税人。

一、采购价格控制和采购付款要求

1. 采购价格的控制。

在建筑企业采购环节中，采购价格的控制以及其付款要求是非常重要的。不同的采购方案，成本和进项税额抵扣也有所差别。

某建筑企业为增值税一般纳税人，2023 年 3 月打算采购一批建筑材料，用于一般计税项目，招投标有 A、B、C 三家竞标。三家供应商给出不同的采购方案，含增值税价款都为 300 万元。其中 A 提供税率为 13% 的增值税专用发票，B 提供增值税普通发票，C 则提供税率为 3% 的增值税专用发票。假设城建税和教育费附加之和为 12%

在其他条件忽略不计的情况下，三家分别可抵扣进项税额和附加税之和、采购成本为：

A 方案可抵扣进项税额 = 300 ÷（1 + 13%）× 13% ×（1 + 12%）= 89.19（万元）。

实际成本 = 300 − 89.19 = 210.80（万元）。

B 方案实际成本 = 300 万元。

C 方案可抵扣进项税额 = 300 ÷（1 + 3%）× 3% ×（1 + 12%）= 9.79（万元）。

实际成本＝300－9.79＝290.21（万元）。

可见，该建筑企业应当选择A方案，其实际成本最低。所以说，在采购对象可以按照规定抵扣进项税额的情况下，建筑企业的实际采购成本等于抵扣进项税额、抵减附加税费之后的成本；如果不能按照规定抵扣进项税额，那么在取得合法合规企业所得税税前扣除凭证前提下，按照开具的增值税发票等其他税前扣除凭证上的总价款来确定实际成本。

2. 采购业务付款要求。

根据《国家税务总局关于加强增值税征收管理若干问题的通知》规定，纳税人购进货物或应税劳务，支付运输费用，所支付款项的单位，必须与开具抵扣凭证的销货单位、提供劳务的单位一致，才能够申报抵扣进项税额，否则不予抵扣。

这里的应税劳务是指加工修理修配劳务；所支付款项的单位是指收款单位。所以，建筑企业采购货物，支付加工修理修配劳务费用、运输费用时，一定按照规定付款，保证收款单位和开具抵扣凭证的单位一致。如果出现材料供应商委托第三方收款的情况，一定要予以拒绝，否则会导致进项税额不能抵扣的风险。

需要注意的是，在建筑企业工程分包业务中，分包方向总包方开具建筑服务发票，总包方按照有关部门要求，将分包款中的农民工工资直接发放到农民工个人工资卡中，再将剩余工程款转入分包方账户。这种情况下，建筑企业的做法是符合付款要求的，取得的建筑服务增值税专用发票可以正常抵扣项税额。

二、采购运费环节、验收环节的管理

在采购运费环节可以分为一票制和两票制。

一票制是指购买方将运费直接支付给销售方，按照价外费用规定，运费属于价外费用。提供运输服务和销售货物的销售方需要开具销售货物增值税专用发票。

两票制是指购买方将运费直接支付给销售方，按照兼营行为，开具发票时，按货物的销售额开具货物增值税专用发票，按运输应税服务开具货运业增值税专用发票；或者购买方将运费支付给运输方，货款支付给销售方，提供运输服务方和销售方分别开具增值税发票。

在采购验收环节中，为防范虚开增值税发票风险，需要确保“物资需求单”“采购申请单”“合同约定清单”“验收单”等相关单据与发票内容中供应商、生产厂家、规格型号、数量、单价保持一致。

需要注意的是，供应商注销清算前，建筑企业应当与其签订债权、债务转移协议，确保其债权、债务转移不会影响到自身所取得的增值税进项税额抵扣。建筑企业应当注意，增值税发票是否由第三方开具，是否存在着虚开增值税发票的情形。

另外，根据相关税法规定，销售方超出经营范围可以开具增值税发票，但是建筑企业施工过程采购时，不得超出供应商的经营范围。在实务中，超出经营范围，是可以按照规定开具发票的。

具体来说可以分为以下两种情况：

1. 临时性业务，可以向主管税务机关说明情况，增加相应征收品目，自行开具发票。如果需要开具专用增值税发票，需要携带代开增值税专用发票所需要的资料到主管税务机关说明情况，办理代开专票事宜。

2. 经常性业务，可以先到工商部门变更经营范围，再由主管税务机关增加相应征收品目及征收率，自行开具发票。如果需要开具专用增值税发票，也需要先变更经营范围，再携带代开增值税专用发票所需要的资料到主管税务机关办理代开专票事宜。

第3节　存货、固定资产的核算与涉税管理

存量资产是指企业所拥有的全部可确指的资产，包括应收账款、无形资产、固定资产等。由于建筑企业的施工生产具有流动、分散性、露天性等特征，且存货、固定资产的管理也具有特殊性。所以，建筑企业需要做好材料物资的管理，并对其进行科学分类。

一、材料物资的分类与管理

在施工生产过程中，材料物资可以分为以下几类：

1. 主要材料，即用于工程施工并构成工程实体的各种材料。

包括黑色金属材料，比如钢材等；有色金属材料，比如铜材、铝材等；木材，比如原条、原木方材、板材等；硅酸盐材料，比如水泥、砖、瓦、石灰、砂等；小五金材料；陶瓷材料；电器材料以及化工材料等。

2. 结构件，即经吊装、拼砌和安装，构成房屋、建筑物实体的各种材料。

包括钢窗、木门、钢木屋架、钢筋混凝土预制梁等。

3. 机械配件。

包括曲轴、活塞、轴承、阀门等。

4. 周转材料，即在施工生产过程中能够多次使用，并逐渐转移其价值的工具性材料。

包括木模板、钢模板、脚手架以及吊车使用的轻轨、枕木等。

5. 低值易耗品。

包括各种工具、管理用具、劳保用品、玻璃器皿等使用期限短、不构成固定资产的各种物品。

6. 其他材料。

包括燃料、油料、饲料、润滑油、爆炸材料、防腐材料等不构成工程实体的各种材料。

对材料物资进行科学分类后，建筑企业应当按照请购、审批、采购、验收、付款等程序办理采购与付款业务。在这个过程中，企业应当根据规定记录，填制相应的凭证。尤其是付款时，应当明确合同约定的付款条件，严格审核采购发票、结算凭证、检验报告、计量报告和验收证明等相关凭证的真实性、完整性、合法性以及合规性，如此才能保证会计核算的准确、真实、有效，进一步防范纳税风险的发生。

外购材料时，建筑企业一定要检查订货合同、入库通知单、供货企业提供的材质证明、合格证、运单、提货通知单等原始单据与货物是否相符；对货物进行数量复核和质量检验；取得货款结算和材料验收入库凭证，包括银行结算凭证、供货单位的发票账单、运输单位的运单或供货单位的提货单等。

在施工现场或内部其他单位领用材料时，必须严格遵守相关规定，办理领料手续。企业可以按照规定制订领料凭证，比如领料单、定额领料单、领料登记表等。

需要注意的是，按照相关税法规定，建筑企业提供建筑服务，同时销售自产货物的，应当分别核算货物和建筑服务的销售额，分别计算应缴纳的增值税。周转材料，比如塔吊使用的轨道等，可以采用一次性转销法，也可以使用五五摊销法或分次摊销法进入摊销。一次性转销的，领取时全部价值计入成本费用；摊销的，应分别设置明细科目，分别核算并计入成本费用。

另外，在期末时建筑企业应当对库存材料物资进行实地清查盘点。发生盘盈的，查明原因后，及时办理材料物资入账手续，并调整材料物资账的实存数，最后在期末冲减管理费用。

发生盘亏和毁损的，也要查明原因，根据不同情况进行分别处理。如果属于自然损耗产生的定额内损耗，计入管理费用；如果属于计量收发差错和管理不善等原因造成的短缺或毁损，应当先扣除残料价值、可以收回的过失人或保险公司的赔款后，将净损失计入管理费用；如果属于自然灾害或意外事故等原因造成的短缺或毁损，应当扣除残料价值、可以收回的过失人或保险公司的赔款后，将净损失计入营业外支出。

二、固定资产的涉税问题

固定资产应根据国家、建筑业有关要求以及企业自身实际进行计提折旧。计提折旧可以在企业所得税前予以扣除。

不过，根据《中华人民共和国企业所得税法》规定，下列固定资产不得计算折旧扣除：

1. 房屋、建筑物以外未投入使用的固定资产；
2. 以经营租赁方式租入的固定资产；
3. 以融资租赁方式租出的固定资产；
4. 已足额提取折旧仍继续使用的固定资产；
5. 与经营活动无关的固定资产；
6. 单独估价作为固定资产入账的土地；
7. 其他不得计算折旧扣除的固定资产。

折旧方式可以分为年限平均法、工作量法、双倍余额递减法以及年数总和法。一般来说，企业应当按月计提折旧，每月增加的固定资产当月不折旧，而是从下月开始计提折旧；当月减少的固定资产，当月继续计提折旧，从下月起不计提折旧。

而《企业所得税实施条例》规定，除国务院财政、税务主管部门另有规定外，固定资产计算折旧的最低年限如表 4-1 所示。

表 4-1　固定资产计算折旧的最低年限表

类别	最低年限
房屋、建筑物	20 年
飞机、火车、轮船、机器、机械和其他生产设备	10 年

续 表

类别	最低年限
与生产经营活动有关的器具、工具、家具等	5 年
飞机、火车、轮船以外的运输工具	4 年
电子设备	3 年

建筑企业在进行会计核算时，应当根据固定资产的具体情况选择折旧方法和折旧年限，这样才有利于在企业所得税汇算清缴时调整纳税，避免税负增加或产生税务风险。

需要注意的是，固定资产的后续支出（即使用过程中发生的更新改造支出、修理费用等），如果与该固定资产有关的经济利益可能流入企业，且该固定资产的成本能够可靠计量的，应当将其计入固定资产成本。否则，应当在发生时计入当期损益。

企业购置用于环境保护、节能节水、安全生产等专用设备的投资额的10% 可以从企业当年的应纳税额中抵免；当年不足抵免的，可以在以后 5 个纳税年度结转抵免。企业出售、转让、报废固定资产或发生固定资产毁损时，应当将处置收入扣除账面价值（固定资产成本扣减累计折旧和累计减值准备的余额）和相关税费后的金额计入当期损益。

第 4 节 工程施工成本的核算与税务

工程施工成本管理，对于施工项目来说是至关重要的。由于建筑产品的多样性、施工周期的长期性以及建筑产品的露天性，给施工程工成本管理带来了很大困难，也导致工程施工成本核算具有特殊性。

一、工程施工成本核算的特殊性

工程施工成本核算的特殊性具体体现以下几个方面：

1. 施工项目部是一个独立的会计主体。

施工项目部不具备法人资格，但是一般建筑企业采用非集中核算方式，即以施工项目部为核算单位，对工程项目的成本及相关费用进行独立核算。

施工项目部可以设置会计科目，组织会计核算，并定期计算施工项目的损益和编制财务报表。

2. 以特定工程项目成本核算的对象。

由于施工生产具有单件性，建筑企业必须按照订单分别归集施工生产费用，单独计算每项工程的成本。

3. 分段进行工程价款结算、确认合同收入与费用。

由于施工周期比较长，占用大量资金，建筑企业必须将已完成预算定额所规定的全部工序或工程内容的分部工程或分项工程作为“已完工程”，及时进行工程价款的中间结算，待工程全部竣工后再进行清算。

同时，建筑企业需要按照工程的履约进度，分别计量和确认各年度的工程合同收入和合同费用，以确定各年度的经营成果。

4. 根据自然环境选择会计方式。

由于工程施工具有露天性，固定资产、临时设备受到的自然侵蚀特别大，资产耗损非常明显。所以，建筑企业应当选择合理的固定资产折旧方法和周转材料的摊销方法，以避免更大损失。

5. 施工项目部与公司总部内部业务往来频繁。

在内部业务往来频繁的情况下，施工项目部与公司总部应当及时准确地记录反映往来事项，真实记录各方的债权和债务变化，避免产生税务风险。

二、工程施工成本的核算

施工成本核算的对象是施工成本核算中确定的对各项支出进行归集的标的。比如，某建筑合同标的为承建高速公路某一标段，实物工程包括一条隧道、一座大桥和10公里的路基。那么，其核算对象应当为隧道、大桥、路基，建筑企业需要对各个对象分别进行核算。

建筑企业需要合理确定工程合算成本，成本核算不能过粗，否则便无法反映各项具体工程的实际成本，不利于控制成本支出；但是也不能过细，否则将会增加核算工作量，不利于及时准确地进行核算。

需要注意的是，成本核算对象一经确定，不得随意变更，同时要及时通知与成本核算、成本管理有关的各业务部门。与成本费用有关的原始资料，都应当正确填写，这样才能确保成本核算的准确性、真实性。

工程施工成本的基本核算包括以下几方面：

1. 材料费。

工程施工过程中，直接用于形成工程实体的原材料费用，应当计入“直接材料费”成本项目。所属辅助生产中，直接用于辅助生产的各种原材料费用，应当计入“辅助生产——物料消耗”成本项目。

自有机械进行施工发生的各种燃料及配件等材料，应当独立建账进行内部独立核算，计入“机械作业”科目的“燃料及动力”“折旧及修理”等成本项目。

用于组织和管理施工生产活动的各种材料，计入“间接费用”。

2. 人工费。

直接进行工程施工的生产人员，应计入“合同履约成本——工程施工”和“直接人工费”成本项目。

直接进行辅助生产的生产人员，应计入“辅助生产”和“人工费”成本项目。

以自有机械进行施工并独立核算的生产人员，应计入“机械作业”和“人工费”成本项目。

工程项目管理人员的工资薪酬，应计入“间接费用”和“人工费”成本项目。

3. 机械使用费。

外租设备所发生的费用，应直接计入“合同履约成本——工程施工（机械使用费）”“应交税费——应交增值税（进项税额）”等科目。

除了人工费、材料费、机械使用费以外，在施工过程中还发生一些其他直接费用和间接费用。其中，其他直接费用，包括工地材料二次搬运费、检验试验费、生产工具用具使用费、工程点交费、场地清理费等。这些费用应计入“合同履约成本——工程施工（其他直接费）”。

间接费用是指施工单位为组织和管理施工生产活动所发生的共同性费用。在费用发生时，应计入“间接费用”。

某建筑公司承建高速公司某一标段，合同总造价 1.2亿元，包括一条1 000米长的隧道、一座 500延米长的桥和 5公里的路基。该建筑公司设置项目部组织管理施工生产，并成立一个隧道队、一个大桥队、一个路基队进行施工。

施工过程中，2022 年 7 月，该公司从仓库发出水泥 4 000 吨，单价每吨 200 元，其中隧道使用 3 000 吨、大桥使用 1 000 吨；发出钢材 300 吨，单价每吨 3 000 元，其中隧道使用 200 吨、大桥使用 100 吨；隧道领用炸药 1.5 吨，每吨 4 000 元。同时，发生职工薪酬费用 620 000 元，其中隧道队 300 000 元、大桥队 120 000 元、路基队 200 000 元。

那么，该建筑公司的相关账务处理如下：

借：合同履约成本——工程施工（隧道，直接材料费） 1 206 000 元

——工程施工（大桥，直接材料费） 500 000 元

辅助生产——采石场（物料消耗） 6 000 元

贷：原材料 1 706 000 元

借：合同履约成本——工程施工（隧道，直接人工费） 300 000 元

——工程施工（大桥，直接人工费） 120 000 元

——工程施工（路基，直接人工费） 200 000 元

贷：应付职工薪酬 620 000 元

综上所述，工程施工成本主要由人工费、材料费、机械使用费、其他直接费和间接费构成。从企业所得税角度来说，工程施工成本可以通过分配结转形成主营业务成本，从所得税收入中扣除。同时，购进材料物资、发生相关成本费用支出可以进行增值税进项税额抵扣，所支付给各施工队的劳务费用也需要进行个人所得税的代扣代缴。

第5节　结算工程价款的核算

工程价款结算就是对建设工程的发承包合同价款进行约定，并依据合同约定进行工程预付款、工程进度款、工程竣工价款的结算。

一、工程价款的计算方式

一般来说，建筑企业对于已完工程或竣工工程将按月、按阶段或竣工后一次性与发包方结算工程价款。具体结算方式以及会计处理如下：

1. 按月结算。

就是每月由建筑企业提出已完成工程月报表与工程价款结算账单，交由建设方签证，并交由银行办理工程价款结算。

采取按月结算的方式，建筑企业应当先取得各月实际完成的工程数量，并按照工程预算定额中的工程直接费用预算单价、间接费用定额，以及约定的税率，计算出已经完成部分的工程结算借款。

实际完成的工程数量，由建筑企业根据有关资料计算，并编制“已完工程月报表”；之后按照发包方编制的“已完工程月报表”将各个发包方的本月已完工程造价汇总，再根据“已完工程报表”编制“工程价款结算账单”，与之前的“已完工程月报表”分别送到发包方和经办银行手中；最后办理结算。

2. 按阶段结算。

就是按照工程进度将其划分为不同施工阶段，然后按阶段进行工程价款结算。

采取按阶段结算方式时，应当找合同中约定工程部分完成的月份，根据已完工部分的工程数量计算工程结算价款。建筑企业应该根据工程的性质和特点预测每个阶段的预支款数额，在施工开始时，办理第一阶段的预支款，然后在该阶段完成后计算其工程借款，同时办理下一阶段的预支款。

3. 峻工后一次结算。

就是在单项工程或建设项目全部建筑工程竣工后结算工程价款。

采取一次结算方式时，建筑企业应当在合同完成、与客户进行工程价款结算时，确认工程结算收入的实现。

需要注意的是，为确保工程按期收尾竣工，在施工期间，其计算工程款一般不得超过承包工程价值的 95%。建筑企业与发包方可以在 5% 的幅度内协商确定尾款比例，并在合同中明确约定。

二、工程结算收入的核算与完工进度的关系

建筑企业需要明白，工程结算收入的核算与完工进度有直接关系。而完工进度的确定主要有以下几种方法：

1. 根据累计实际发生的合同成本占合同预计总成本的比例确定。

其计算公式为：

合同完工进度＝累计实际发生的合同成本 ÷ 合同预计总成本 ×100%

这是建筑业比较常用的方法。其中，累计实际发生的合同成本包括形成工程完工进度的工程实体和工作量所耗用的直接成本和间接成本。

2. 根据已经完成的合同工作量占合同预计总工作量的比例确定。

其计算公式为：

合同完工进度＝累计实际发生的合同工作量 ÷ 合同预计总工作量 ×100%

该方法适用于合同工作量容易确认的合同，比如道路工程、土石方挖掘、砌筑工程等。

3. 根据实际测定的完工进度确定。

这是一种比较特殊的技术测量方法，适用于一些特殊的合同，比如水下施工等。需要注意的是，并不是建筑企业想怎么测量就怎么测量的，而是需要根据专业人员的科学测定来确定。

某建筑企业为增值税一般纳税人，装修服务适用增值税税率为9%。2022年10月1日，该建筑企业承包一个装修项目，合同期限为5个月，合同价款为100万元，增值税税额为9万元，工程价款按照每月结算。

2022年11月31日，确定该项劳务的完工程度为35%，发包方按照完工进度支付价款及相应的增值税税款。此时，该建筑企业为完成该项目累计发生劳务成本20万元，预计还将发生劳务成本35万元。

假设装修服务属于该建筑企业的主营业务，全部由其自行完成。该建筑企业按照实际测量的完工进度确定履约进度。那么，该建筑企业结算工程借款的核算和账务处理如下：

（1）实际发生劳务成本200 000元。

借：合同履约成本　200 000元

贷：应付职工薪酬　200 000元

（2）2022年12月31日确认劳务收入并结转劳务成本。

确认的劳务收入＝100×35%＝35（万元）。

应缴纳增值税额＝35×9%＝3.15（万元）。

借：银行存款　381 500元

贷：主营业务收入　350 000元

　　应交税费——应交增值税（销项税额）　31 500元

借：主营业务成本　200 000元

贷：合同履约成本　200 000元

2023年1月31日，确定该项劳务的完工程度为70%，发包方按完工进度支付价款同时支付相应增值税税款。该建筑企业为完成该合同发生劳务成本20万元，预计还将发生劳务成本15万元。那么，该建筑企业结算工程借款的核算和账务处理如下：

（1）实际发生劳务成本 20 万元。

借：合同履约成本　　200 000 元

贷：应付职工薪酬　　200 000 元

（2）2023 年 1 月 31 日确认劳务收入并结转劳务成本。

确认的劳务收入＝100×70%－35＝35（万元）。

应缴纳增值税额＝35×9%＝3.15（万元）。

借：银行存款　　381 500 元

贷：主营业务收入　　350 000 元

应交税费——应交增值税（销项税额）　　31 500 元

借：主营业务成本　　200 000 元

贷：合同履约成本　　200 000 元

2023 年 2 月 28 日，该项目完工，验收合格，发包方按完工进度支付价款同时支付对应的增值税税款。该建筑企业为完成该合同发生劳务成本 15 万元，那么该建筑企业结算工程借款的核算和账务处理如下：

（1）实际发生劳务成本 15 万元。

借：合同履约成本　　150 000 元

贷：应付职工薪酬　　150 000 元

（2）2023 年 2 月 28 日确认劳务收入并结转劳务成本。

确认的劳务收入＝100－35－35＝30（万元）。

应缴纳增值税额＝30×9%＝2.7（万元）。

借：银行存款　　327 000 元

贷：主营业务收入　　300 000 元

应交税费——应交增值税（销项税额）　　27 000 元

借：主营业务成本　　150 000 元

贷：合同履约成本　　150 000 元

第6节　工程承包合同收入与费用的核算

工程承包合同是为建造一项资产（包括房屋、道路、桥梁、水坝等建筑物，以及船舶、飞机、大型机械设备等）或者在设计、技术、功能、最终用途等方面密切相关的数项资产而订立的合同。它是确定工程发包方与承包方双方之间权利与义务关系的，具有法律效力的经济合同。

与采购合同相比，工程承包合同具有以下特点：

1. 先中标，后生产，建造资产的造价在签订合同时已经确定；
2. 资产的建设期长，一般要跨越一个以上的会计年度；
3. 资产的体积大，造价高；
4. 合同一般是不可取消的。

对于建筑企业来说，工程承包合同收入是其主要收入来源。

按照《企业会计准则》规定，工程承包合同收入确认和计量分为以下五步：识别与客户订立的合同、识别合同中的单项履约义务、确定交易价格、将交易价格分摊至各单项履约义务、履行各单项履约义务时确认收入。

一、工程承包合同收入确认和计量

1. 工程承包合同收入的确认。

建筑企业对于工程承包合同收入确认时，第一步要识别与客户订立的合同。只有满足以下五个条件，企业在客户取得相关商品控制权时确认收入：

（1）合同各方已经批准该合同并承诺履行各自义务；

（2）该合同明确了合同各方与所转让商品或所提供劳务的相关权利与义务；

（3）该合同有明确的与所转让商品相关的支付条款；

（4）该合同具有商业实质；

（5）企业因向客户转让商品而有权取得的对价可能收回。

对于不符合以上条件的合同，建筑企业只有在不再负有向客户转让商品的剩余义务，且已经向客户收取的对价无须退回时，才能将已收取的对价确认为收入；否则，应当将其作为负债进行会计处理。

第二步，如果企业与客户同时订立或在相近时间内先后订立两份或多份合同，满足以下条件之一，应当合并合同进行会计处理：

（1）合同是基于同一商业目的而订立并构成一揽子交易；

（2）其中一份合同的对价金额取决于其他合同的定价或履行情况；

（3）合同承诺的商品构成单向履约义务。

第三步，如果经合同各方批准对原合同范围或价格做出变更，可以进行合同变更。当合同各方已经批准合同范围的变更，但是未确定相应的价格变动，企业需要考虑包括合同条款及其他证据在内的所有相关事实和情况，并且按照会计准则规定对合同变更所导致的交易价格变动进行估计。

合同变更部分作为单独合同，比如工程承包合同变更增加了可以明确区分的建筑服务及合同价款，且新增合同价款反映新增建筑服务单独售价，应当将其作为一份单独的合同进行会计处理。

合同变更作为原合同终止及新合同订立，应当视为原合同终止，同时将原合同未履约部分与合同变更部分合并为新合同进行会计处理。

合同变更部分作为原合同的组成部分，应当在合同变更日重新计算履约进度，并对当期收入和相应成本进行调整。

第四步，在合同开始日，企业应当对合同进行评估，识别该合同所包含的各单项履约义务，确定其在什么时间段或时间点履行，然后在履行了各单项履约义务时分别确认收入。

需要注意的是，企业应当依据会计准则规定以及自身实际情况来判断，其履约义务是否满足在某一时段内履行的条件。如果不满足，则应当在某一时间点履行。同时，企业应当在该时间段按照履约进度来确认收入。而计算履行进度的方式可以分为产出法和投入法。

产出法就是根据已转移给客户的商品对于客户的价值来确定履行进度的方法。可采用指标包括：实际测量的完工进度、评估已实现的结果、已达到的里程碑、已完工或交付的产品等。

投入法是根据企业履行履约义务的投入来确定履行进度的方式。可采用的指标包括：投入的材料数量、花费的人工工时或机器工时、发生的成本和时间进度等。

2. 工程承包合同收入的计量。

建筑企业在计量工程承包合同收入时，应当先确定合同的交易价格，再按照分摊到各单项履约义务的交易价格进行确认。

其中，交易价格是企业因向客户转让商品而预期有权收取的对价金额。企业代第三方收取的款项以及预期将退还给客户的款项，不计入交易价格。另外，合同标价不一定代表交易价格，企业应当根据合同条款，并根据以往的习惯做法确定交易价格。

某建筑企业承接一栋厂房项目的维修业务，合同约定价款为100万元，约定合同工期为120日。但是，如果因为该建筑企业不能在合同约定的工期内完工，需要支付10万元违约金，该违约金从合同价款中扣除。那么，该合同的对价金额由90万元的固定价格和10万元可变价格组成。

如果合同中包含两项或多项履约义务，需要将交易价格分摊到各单项履约义务。企业应当在合同开始日，按照各单项履约义务所承诺商品的单独售价的相对比例，将交易价格进行分摊。

二、工程承包合同收入与费用的核算

建筑企业应设置“主营业务收入”“主营业务成本”“合同资产”“合同负债”等科目核算工程承包合同收入与费用。

其中，“主营业务收入”科目可以按照主营业务的种类进行明细核算。

企业履行合同中的单项履约义务时，应当按照已收或应收的合同价款，再加上应收取的增值税额进行核算。

“主营业务成本”科目核算确认主营业务收入时应结转的成本，按照主营业务的种类进行明细核算。期末，应当根据本期提供建筑服务等实际成本，计算应结转的主营业务成本。

“合同资产”科目核算企业已向客户转让商品而有权收取对价的权利，应当按照合同进行明细核算。企业在客户实际支付合同对价或在该对价到期应付之前，已转让商品的，应当按照因已转让商品而有权收取的对价金额进行核算。

“合同负债”科目核算企业已收或应收客户对价而应向客户转让商品的义务，按照合同进行明细核算。

2021 年 3 月 1 日，某建筑企业与客户签订一项工程承包合同，合同约定该工程的含税造价为 5 450 万元，其中增值税额 450 万元，增值税税率为 9%。工程期限为 2 年，预计 2023 年 3 月 1 日竣工。该建筑企业负责工程的施工及全面管理，客户每年末结算一次。

假设该建造工程整体构成单项履约义务，并属于在某一时段履行的履约义务，该建筑企业采用成本法确定履约进度。不考虑其他因素，该建筑企业的账务处理如下：

（一）2021 年 12 月 31 日，工程累计实际发生成本 1 000 万元，预计可能发生的总成本为 4 000 万元。该建筑企业与客户结算合同价款 2 500 万元，实际收到价款 2 180 万元，收取工程款时已缴纳增值税。

（1）至 2021 年 12 月 31 日实际发生工程成本时：

借：合同履约成本——工程施工　　10 000 000 元

贷：原材料、应付职工薪酬等　　10 000 000 元

（2）2021 年 12 月 31 日计算确认合同收入并结转主营业务成本。

履约进度＝ 1000 万 ÷4000 万＝ 25%。

合同收入＝5000×25%＝1250（万元）。

借：合同资产——收入结转　　13 625 000元

贷：主营业务收入　　12 500 000元

应交税费——待转销项税额　　1 125 000元

借：主营业务成本　　10 000 000元

贷：合同履约成本——工程施工　　10 000 000元

（3）办理工程结算手续后，确认应收账款。

借：应收账款　　25 000 000元

贷：合同资产——价款结算　　25 000 000元

（4）收取工程款，确认增值税销项税额。

借：银行存款　　21 800 000元

贷：应收账款　　21 800 000元

借：应交税费——待转销项税额　　1 800 000元

贷：应交税费——应交增值税（销项税额）　　1 800 000元

"合同资产"科目的期末余额为贷方2500－1362.5＝1137.5（万元），即该建筑企业已经与客户结算，但尚有未履行履约义务的金额为1 137.5万元。因此，在资产附表中应作为合同负债列示。

（二）2022年12月31日，工程累计实际发生成本3 000万元，预计可能发生总成本为4 000万元。该建筑企业与客户结算合同价款1 200万元，实际收到价款1 090万元，收取工程款时已缴纳增值税。

（5）2022年1月1日至12月31日实际发生工程成本时：

借：合同履约成本——工程施工　　20 000 000元

贷：原材料、应付职工薪酬等　　20 000 000元

（6）2022年12月31日，计算确认合同收入并结转主营业务成本。

履约进度＝3000万÷4000万＝75%。

合同收入＝5000×75%－1250＝2500（万元）。

借：合同资产——收入结转　　27 250 000元

贷：主营业务收入　　25 000 000元

应交税费——待转销项税额　　2 250 000元

借：主营业务成本　20 000 000 元

贷：合同履约成本——工程施工　20 000 000 元

（7）办理工程结算手续后，确认应收账款。

借：应收账款　12 000 000 元

贷：合同资产——价款结算　12 000 000 元

（8）收取工程款，确认增值税销项税额。

借：银行存款　10 900 000 元

贷：应收账款　10 900 000 元

借：应交税费——待转销项税额　900 000 元

贷：应交税费——应交增值税（销项税额）　900 000 元

“合同资产”科目的期末余额为借方 2725 − 1200 − 1137.5 = 387.5（万元），即该建筑企业已经履行履约义务但尚未与客户结算的金额为 387.5 万元，应在资产负债表中作为合同资产列示。

（三）2023 年 3 月 1 日工程如期完工，累计实际发生成本 4 000 万元，客户与该建筑结算合同竣工价款 1 750 万元，并支付剩余工程款 2 180 万元，收取工程款时已缴纳增值税。

（9）2023 年 1 月 1 日至 3 月 1 日实际发生工程成本时。

借：合同履约成本——工程施工　10 000 000 元

贷：原材料、应付职工薪酬等　10 000 000 元

（10）2023 年 3 月 1 日，计算确认合同收入并结转主营业务成本。由于当日该工程已竣工决算，其履约进度为 100%。

合同收入 = 5000 − 1250 − 2500 = 1250（万元）。

借：合同资产——收入结转　27 250 000 元

贷：主营业务收入　25 000 000 元

　　应交税费——待转销项税额　2 250 000 元

借：主营业务成本　10 000 000 元

贷：合同履约成本——工程施工　10 000 000 元

（11）办理工程结算手续后，确认应收账款。

借：应收账款　17 500 000 元

贷：合同资产——价款结算 17 500 000 元

（12）收取工程款，确认增值税销项税额。

借：银行存款 21 800 000 元

贷：应收账款 21 800 000 元

借：应交税费——待转销项税额 1 800 000 元

贷：应交税费——应交增值税（销项税额） 1 800 000 元

“合同资产”科目的期末余额为零 。

第五章

建筑企业增值税的缴纳与核算

第 1 节 纳税义务人、税目与税率

增值税是一种以增值额为计税依据而征收的流转税。随着“营改增”进程的不断推开，建筑业企业增值税的缴纳也发生了很大变化。

一、纳税义务人

依据《营业税改征增值税试点实施办法》规定，建筑业增值税纳税人为我国境内提供建筑服务的单位和个人。增值税纳税人包括一般纳税人和小规模纳税人。

一般纳税人是指在境内销售服务、无形资产或者不动产（即应税行为）的年应征增值税销售额超过财政部和国家税务总局规定标准的纳税人。小规模纳税人就是应税销售额未超过标准的纳税人。应税销售额的规定标准为 500 万元。

不过，即便应税销售额超过规定标准，但是不经常发生应税行为的纳税人，也可以按照小规模纳税人纳税。即便应税销售额未超过规定标准，但是会计核算健全，能够提供准确税务资料，纳税人也可以向主管税务机关申请成为一般纳税人。

现实生活中，建筑企业在注册成立公司之前，应根据自身情况考虑是申请登记为增值税一般纳税人还是小规模纳税人，以避免导致税负加重。

某建筑企业成立一个专门研制高精尖工程设备的研究中心，当年预计取得不含税销售额 2 000 万元，购进不含税的原材料价款 800 万元。那么，该研究中心如何选择纳税人身份呢？

假设选择一般纳税人，其应纳税额为：$2000 \times 13\% - 800 \times 13\% = 156$

（万元）。

选择小规模纳税人，其应纳税额为：2000×3% = 60（万元）。

在实际中，企业还需要考虑成本费用、进项税额及其他因素，比如该研究中心还需缴纳城市维护建设税、教育费附加税、地方教育附加税，其税率分别为 7%、3%、2%，那么选择不同纳税人身份应纳税额也不同。

假设选择一般纳税人，其应纳增值税税额为：2000×13% − 800×13% = 156（万元）。

应交附加税费＝ 156×（7% + 3% + 2%）= 18.72（万元）。

应交企业所得税＝（2000 − 800 − 18.72）×25% = 295.32（万元）。

缴纳税额共计 156 + 18.72 + 295.32 = 470.04（万元）。

选择小规模纳税人，其应纳增值税税额为：2000×3% = 60（万元）。

应交附加税费＝ 60×12% = 7.2（万元）。

应交企业所得税＝（2000 − 800 − 7.2）×25% = 298.2（万元）。

共缴纳税额＝ 60 + 17.2 + 298.2 = 375.24（万元）。

因此，考虑纳税额多少的情况下，该研究中心选择小规模纳税人更合适。然而，若是从资金流动角度来说，企业还需具体问题具体分析，因为企业销售额和采购成本是变化的。

同时，《中华人民共和国增值税法》规定，在我国境内发生应税交易且销售额达到增值税起征点的单位和个人，以及进口货物的收货人，为增值税的纳税人。增值税起征点为季销售额 30 万元。销售额未达到增值税起征点的，不是增值税的纳税人，但是可以自愿选择缴纳增值税。

二、税目与税率

增值税税目是指增值税法对课税对象分类规定的应税品目。按照国家税务总局有关增值税税目注释的规定，各税目的具体征税范围如下：

1. 工程服务。

即新建、改建各种建筑物、构筑物的工程作业，包括与建筑物相连的各种设备或者支柱、操作平台的安装或者装设工程作业等。

2. 安装服务。

即生产设备、动力设备、起重设备、运输设备等各种设备、设施的装配、安置工程作业。包括工作台、梯子、栏杆的装设工程作业，被安装设备的绝缘、防腐、保温、油漆等工程作业，以及固定电话、有线电视、宽带、水、电、燃气、暖气等经营者向用户收取的安装费、初装费、开户费、扩容费以及类似收费。

3. 修缮服务。

即对建筑物、构筑物进行修补、加固、养护、改善等工程作业。

4. 装饰服务。

即对建筑物、构筑物进行修饰装修的工程作业。

5. 其他建筑服务。

包括钻井（打井）、拆除建筑物或者构筑物、平整土地、园林绿化等除以上工程作业之外的各种工程作业。

除此之外，纳税人将建筑设备出租给他人使用并配备操作人员的，也需要按照“建筑服务”缴纳增值税。纳税人销售设备并提供安装服务，比如销售电梯并提供安装服务，纳税人需要缴纳增值税。纳税人对安装运行后的电梯提供的维护保养服务，也需要按照“其他现代服务”缴纳增值税。

三、税率

一般纳税人销售应税行为计算应纳税额时，适用增值税税率；小规模纳税人销售应税行为或一般纳税人发生特定应税行为计算应纳税额时，适用增值税征收率。

建筑企业一般纳税人提供建筑服务，按照一般计税方法计算应纳税额的，适用税率为9%；小规模纳税人，以及部分建筑服务选择简易计税方法计算应纳税额的一般纳税人，征收率为3%。

需要注意的是，纳税人兼营销售货物、劳务、无形资产或者不动产的，适用不同税率或征收率，应当分别核算销售额。如果不分别进行核算，那么从高适用税率。

第 2 节　增值税的计税方法

增值税的计税方法，包括一般计税方法和简易计税方法。

一般纳税人发生应税行为适用一般计税方法，不过若是发生特定应税行为，可以选择简易计税方法。一般纳税人一经选择简易计税方法，36 个月内不得变更。小规模纳税人发生应税行为适用简易计税方法。

根据相关法规规定，以下几种情形下，一般纳税人提供建筑服务也可以选择简易计税方法：一是以清包工方式提供建筑服务；二是为甲供工程提供建筑服务；三是为建筑工程老项目提供建筑服务。

一、一般计税方法的应纳税额

采用一般计税方法，应纳税额的计算公式如下：

应纳税额＝当期销项税额－当期进项税额

其中，销项税额是指纳税人发生应税行为时根据销售额和税率计算的，向购买方收取的增值税额。其计算公式为：

销项税额＝销售额 × 税率

这里的销售额不包括销项税额，纳税人应采用销售额和销项税额合并的方式计算。其计算公式为：

销售额＝含税销售额 ÷（1 ＋税率）

进项税额是指纳税人购进货物、加工修理修配劳务、服务、无形资产或者不动产，支付或负担的增值税额。

一般来说，以下几种情况进项税额准予从销项税额中抵扣：

1. 从销售方取得的增值税专用发票上注明的增值税额；

2. 从海关取得的海关进口增值税专用缴款书上注明的增值税额；

3. 购进农产品，按照农产品收购发票或者销售发票上注明的农产品买价和 9%的扣除率计算的进项税额；

4. 从境外单位或者个人购进服务、无形资产或者不动产，自税务机关或者扣缴义务人取得的解缴税款的完税凭证上注明的增值税额。

二、简易计税方法的应纳税额

采用简易计税方法计算应按税额时，不得抵扣进项税额。其计算公式为：

应纳税额＝销售额 × 征收率

这里的销售额不包括应纳税额，纳税人应当采取销售额和应纳税额合并定价的方式计算。其计算公式为：

销售额＝含税销售额 ÷（1＋征收率）

需要注意的是，如果纳税人因销售折让、中止或者退回的原因，退还购买方一部分销售额，应当从当期销售额中扣减。

北京某建筑有限公司为增值税一般纳税人，2022 年 5 月在北京施工一项工程项目，适用一般计税方法。5 月份，该建筑公司与甲方按工程进度和合同约定结算工程价款 8 000 万元，并给甲方开具增值税专用发票。该建筑公司采购工程物资 300 万元，取得对方开具的 13% 税率的增值税专用发票；向建筑劳务公司支付劳务作业工程款 180 万元，取得对方开具的 9% 税率的增值税专用发票。那么，该公司应纳税额为：

当期销项税额＝8000÷（1＋9%）×9%＝660.5（万元）。

当期进项税额＝300÷（1＋13%）×13%＋180÷（1＋9%）×9%＝34.5＋14.8＝49.3（万元）。

应纳税额＝660.5－49.3＝611.2（万元）。

同时，该公司在河北某地级市设立项目部施工另一工程项目，采取简易计税方法。5 月份，这一项目与甲方按照工程进度和合同约定结算 2 000 万元工程价款，并给甲方开具增值税专用发票。该公司向建筑劳务公司支付 300 万劳务作业工程款，取得对方开具的 3% 征收率的增值税普通发票。那么，该项目应预缴增值税为：

（2000－300）÷（1＋3%）×3%＝49.51（万元）。

第 3 节　纳税义务发生时间与纳税期限

增值税纳税义务的确定有严格的时间要求，纳税义务确认时间就是增值税销售额确认时间，或者增值税销项确认时间。

按照《增值税暂行条例》《营改增试点实施办法》的规定，增值税纳税义务发生时间与会计收入确认时间、企业所得税收入确认收入在规则上是有差异的。此时，应该按照会计准则的规定进行会计处理，按企业所得税政策进行所得税汇算调整，按照增值税政策确认增值税销项税额以及增值税发票的开具。

一、纳税义务发生时间

按照《营改增试点实施办法》规定，增值税的纳税发生时间为：

1. 纳税人发生应税交易的，为收讫销售款项或者取得索取销售款项凭据的当天；先开具发票的，为开具发票的当天。

2. 视同发生应税交易的，为视同发生应税交易完成的当天。

3. 进口货物的，为进入关境的当天。

4. 增值税扣缴义务发生时间为纳税人增值税纳税义务发生的当天。

其中，收讫销售款项是指纳税人销售服务、无形资产、不动产过程中或完成后收到的款项。取得索取销售款项凭据的当天，是指书面合同确定的付款日期；未签订书面合同或书面合同未确定付款日期的，是服务、无形资产转让完成的当天或者不动产权属变更的当天。

增值税纳税义务发生时间如表 5-1 所示。

表 5-1 增值税纳税义务发生时间

分类		增值税纳税义务发生时间
销售货物	直接收款、分期收款、赊销	不论货物是否发出，以实际收款时间、合同约定时间为准
	预收账款	发出货物、全部确认销项
	视同销售	转移货物之时
销售劳务		劳务开始提供后，以实际收款时间、合约约定的收款时间为准
销售服务		服务开始提供后，以实际收款时间、合约约定的收款时间为准
租赁服务		收到预收之时
销售不动产		开始销售不动产时，以实际收款时间、合约约定的收款时间为准

如果不考虑先开发票的因素，提供应税服务增值税的纳税义务发生时间需要注意以下两点：

1. 纳税义务最早发生在开始提供服务之日。就是说，工程如果没开工，即便收到相关款项、合同约定收款，也不产生建筑业增值税纳税义务。

2. 开工后，即便已经提供服务，也需要根据实际收到款的时间与到达合同约定的付款时间来确定纳税义务发生时间。哪个时间早，就是纳税义务发生时间。不过，如果在此之前提前开具发票了，开票时间是纳税义务发生时间。

达到纳税义务发生时间后，企业应该在次月申报期，申报增值税销项和应纳税额。

某建筑公司的一项工程已经开工，按照合同约定的付款条款以及完工进度确认单，甲方应当于 2022 年 7 月 8 日支付工程款 1 000 万元。但是，因为预售情况不好，甲方并未支付这笔工程款。那么，该公司在 8 月是否需要申报这 1 000 万元的增值税销售额？

根据以上相关法规规定，由于项目已经开工且达到合同约定的付款时点，所以这 1 000 万元的建筑业增值税纳税时点已到，该公司应该于 8 月申报增值税。如果该公司因为 7 月 8 日没有收到款，便不申报缴纳增值税，一旦税务稽查查账，便会对其进行处罚。

就是说，建筑企业提供建筑服务，书面合同约定具体收款日期的时候，增值税纳税义务发生时间就是具体收款日当天。只要合同中约定了具体收款日期，不管到期是否收到工程款，建筑企业都应当履行增值税纳税义务。

二、纳税期限

增值税纳税企业的纳税期限可以分为几种，即 1 日、3 日、5 日、10 日、15 日、1 个月或者 1 个季度等。具体的纳税期限由主管税务机关根据纳税人应纳税额来核定。

一般来说，小规模纳税人、银行、财务公司、信托投资公司、信用社，以及财政部和国家税务总局规定的其他纳税人，以 1 个季度为纳税期限。以 1 个月或者 1 个季度为 1 个纳税期的，自期满之日起 15 日内申报纳税；以 1 日、3 日、5 日、10 日或者 15 日为 1 个纳税期的，自期满之日起 5 日内预缴税款，于次月 1 日起 15 日内申报纳税并结清上月应纳税款。

如果纳税人不能按照固定期限纳税的，也可以按次纳税。

此外，纳税人还需要关注纳税义务发生地点的问题，明确向哪一地方的税务机关申报纳税。具体可以分为：

1. 固定业户应当向其机构所在地或者居住地主管税务机关申报纳税；总机构和分支机构未处于同一县（市）的，应当分别向各自所在地的主管税务机关申报纳税。

2. 非固定业户应当向应税行为发生地主管税务机关申报纳税；未申报纳税的，由其机构所在地或者居住地主管税务机关补征税款。

3. 个人提供建筑服务的，应当向建筑服务发生地主管税务机关申报纳税。

4. 扣缴义务人应当向其机构所在地或者居住地主管税务机关申报缴纳扣缴的税款。

第 4 节　增值税的预缴与申报

在《营业税改征增值税试点实施办法》以及其他法律法规文件中，对于建筑企业增值税的预缴与申报有明确规定。

一、预缴与申报的基本规定

适用计税方式不同，预缴与申报的规定不同。具体来说：

适用一般计税方法的，一般纳税人跨地级行政区提供建筑服务时，应纳税额为全部价款和价外费用的销售额。在建筑服务发生地预缴税款后，纳税人应当以上述销售额扣除支付的分包款后的余额，按照 2%的预征率向机构所在地主管税务机关申报纳税。

用公式来表示为：

$$应预缴税款=（全部价款和价外费用-支付的分包款）\div（1+9\%）\times 2\%$$

适用简易计税方法的，一般纳税人跨地级行政区提供建筑服务时，销售额为全部价款和价外费用扣除支付的分包款后的余额，然后按照 3% 计算应纳税额。在建筑服务发生地预缴税款后，纳税人应当以上述方法向机构所在地主管税务机关申报纳税。

用公式来表示为：

$$应预缴税款=（全部价款和价外费用-支付的分包款）\div（1+3\%）\times 3\%$$

小规模纳税人的预缴也有所差异，跨地级行政区提供建筑服务时，销售额应为全部价款和价外费用扣除支付的分包款后的余额，按照 3%的征收率计算应纳税额。在建筑服务发生地预缴税款后，纳税人按照上述计税方法向机构所在地主管税务机关申报纳税。

需要注意的是，当建筑企业当期取得的全部价款和价外费用扣除支付的分包款后的余额为负数时，可以结转下次预缴税款时继续扣除。

如果纳税人提供建筑服务取得预收款，应当以预收款扣除支付的分包款后的余额，按照 2%（适用一般计税方法的项目）或 3%（适用简易计税方法的项目）的征收率预缴增值税。

按照现行规定应在建筑服务发生地预缴的，纳税人应当在收到预收款时按照规定预缴增值税；在机构所在地提供建筑服务的，应当在收到预收款时在机构所在地预缴增值税。

二、预缴和申报的程序

根据相关法律法规的规定，建筑企业跨县（市、区）提供建筑服务，预缴增值税时需要填报《增值税预缴税款表》，并提供相关合法有效（必须加盖纳税人公章）资料，包括与发包方签订的建筑合同复印件，与分包方签订的分包合同复印件，从分包方取得的发票复印件。

纳税人跨地级行政区提供建筑服务，向发生地主管税务机关预缴增值税时，可以在当期增值税应纳税额中抵减；如果扣减不完，可以在下期继续扣减。扣减应纳税额时，应当以完税凭证作为合法有效凭证，否则不得扣除。同时，支付的分包款凭借合法有效的增值税发票，可以在预缴增值税时予以扣除。

北京某建筑公司于 2022 年 9 月在山西某地级市承建一项工程项目，该项目为甲供项目，选择简易计税方法计税。2022 年 10 月，该项目取得建筑服务收入 1 200 万元，支付劳务分包款 305 万元，取得一张“建筑服务 劳务费”增值税普通发票。该项目所在地级市规定城市维护建设税税率为 7%，教育附加费率为 3%，地方教育附加费率为 2%。那么，该项目异地应当预缴增值税为：

应预缴增值税=（12000000－3050000）÷（1＋3%）×3%＝260679.6（元）。

除此之外，该项目应缴城市维护建设税及附加为：

城市维护建设税＝260679.6×7%＝18247.5（元）。

教育附加费＝260679.6×3%＝7820.3（元）。

地方教育附加费＝260679.6×2%＝5213.5（元）。

纳税人跨地级行政区提供建筑服务，按照规定应预缴增值税，但是自应当预缴之月起超过6个月没有预缴的或者未按照规定缴纳的，机构所在地主管税务机关有权利对其进行处理。

第5节 建筑企业常用的增值税政策

建筑企业一般可以选择以下增值税政策。

一、简易计税政策

根据《营业税改征增值税试点实施办法》规定，一般纳税人提供建筑服务时，在以下三种情形下可以选择简易计税方法：

1. 以清包工方式提供的建筑服务；

2. 为甲供工程提供的建筑服务；

3. 为建筑工程老项目提供的建筑服务。

在甲供工程中，对于甲方提供设备、材料、动力的具体内容、数量并没有什么限制。只要甲方提供了设备、材料、动力，建筑企业都可以选择简易计税方法。

甲供工程主要有两种模式：一是甲方采购设备、材料后交给建筑企业使用，并抵减部分工程款；二是甲方采购后交给建筑企业使用，但是另外支付工程款。

前者，甲方用甲供材抵顶工程款，应当依法缴纳增值税。甲方缴纳增值税后，建筑企业可以获得进项税额，并进行抵扣。后者，甲供材与建筑企业无关，建筑企业需要按照实际取得的工程款计提销项税额。

在实务中，建筑企业应当根据自身实际情况以及具体的施工项目的收入和成本费用来判断是否需要选择简易计税方法。如果选择简易计税方法时企业预计的项目利润比选择一般计税方法的项目利润高，那么就应当选择简易计税方法；如果低于一般计税方法的项目利润，那么就应该选择一般计税方法。

二、异地提供建筑服务

按照《国家税务总局关于创新跨区域涉税事项报验管理制度的通知》规定，纳税人跨省临时从事生产经营活动的，应向机构所在地税务机关填报《跨区域涉税事项报告表》。纳税人在省内跨县（市）临时从事生产经营活动的，应当由各省税务机关自行确定是否实施跨区域涉税事项报验管理。

跨区域涉税事项由纳税人首次在经营地办理涉税事宜时，应当向经营地税务机关报验。报验跨区域涉税事项时，纳税人应当出示税务登记证件。跨区域经营活动结束后，纳税人应当结清经营地税务机关的应纳税款以及其他涉税事项，并向经营地税务机关填报《经营地涉税事项反馈表》。

三、增值税的预缴与申报

根据相关法律法规规定，一般纳税人跨地级行政区提供建筑服务，适用一般计税方法计税的，应以取得的全部价款和价外费用为销售额计算应纳税额。依照以上方式，按照 2% 的预征率在建筑服务发生地预缴税款后，向机构所在地主管税务机关申报纳税。

小规模纳税人跨地级行政区提供建筑服务，应以取得的全部价款和价外费用扣除支付的分包款后的余额为销售额计算应纳税额。按照以上方式，按照 3％的征收率在建筑服务发生地预缴税款后，向机构所在地主管税务机关申报纳税。

四、差额纳税政策

纳税人适用简易计税方法的，以取得的全部价款和价外费用扣除支付的分包款后的余额为销售额。采取简易计税方法时，在申报环节总包方按照差额进行纳税。除此之外，如果存在总分包，在预缴环节总包方也应当按照总分包差额预缴增值税。

纳税人从取得的全部价款和价外费用中扣除分包款时，应当取得合法有效凭证，即分包方需要为总包方提供建筑服务增值税发票。

同时，根据国家税务总局相关规定，总包方和分包方签订工程承包合同，总包方支付给分包方全部分包款，不管分包方提供销售货物发票还是建筑服务发票，都可以作为总分包差额纳税的扣除凭证。纳税人应当按照工程项目分别计算应预缴税款，分别进行税款的预缴。

某建筑工程公司有A、B两个施工项目，均选择简易计税方法计税。2022年7月两个项目总分包方完成工程结算，其中A项目总包方工程款结算300万元，分包方工程款结算200万元；B项目总包方工程款结算500万元，分包方工程款结算300万元。那么，该建筑工程公司在2022年7月各项目应预缴增值税为：

A项目预缴税款＝（300－200）÷（1＋3%）×3%＝2.91（万元）。

B项目预缴税款＝（500－300）÷（1＋3%）×3%＝5.82（万元）。

在申报环节，该公司应补退税额＝（300＋500－200－300）÷（1＋3%）×3%－2.91－5.82＝0（元）。

就是说，该建筑工程公司在申报环节不需要补缴增值税或退还税款。

五、留抵退税政策

按照财政部税务总局相关规定，纳税人可以向主管税务机关申请退还增量留抵税额。其中，以下纳税人符合留抵退税条件：

1. 自2019年4月税款所属期起，按季纳税的，连续两个季度增量留抵税额均大于零，且第六个月增量留抵税额不低于50万元；

2. 纳税信用等级为A级或者B级；

3. 申请退税前36个月未骗取留抵退税、出口退税或虚开增值税专用发票；

4. 申请退税前36个月未因偷税被税务机关处罚两次及以上的；

5. 自2019年4月1日起未享受即征即退、先征后返（退）政策的。

其中，增量留抵税额是与2019年3月底相比，新增加的期末留抵税额。纳税人允许退还的增量留抵税额的计算公式为：

增量留抵税额＝增量留抵税额 × 进项构成比例 ×60%

进项构成比例是指2019年4月至申请退税前一个税款所属期内已抵扣的增值税专用发票（含税控机动车销售统一发票）、海关进口增值税专用缴款书、解缴税款完税凭证注明的增值税额占同期全部已抵扣进项税额的比例数值。

六、资质共享业务的处理

建筑业时常出现由集团公司投标，中标后由下属子公司或分公司施工的现象。

按照国家税务总局相关规定，建筑企业与发包方签订合同后，以内部授权或者三方协议等方式授权集团内其他纳税人（以下称“第三方”）为发包方提供建筑服务，并由第三方直接与发包方结算工程款的，应当由第三方缴纳增值税，并向发包方开具增值税发票。发包方可以凭借第三方开具的增值税专用发票抵扣进项税额。

七、在境外提供建筑服务

根据国家税务总局相关规定，纳税人在境外提供建筑服务的，免征增值税。不管是工程总承包方在境外提供建筑服务还是分包方为施工地点在境外的工程项目提供建筑服务，都属于在境外提供建筑服务，享受免征增值税优惠。

同时，纳税人作为工程分包方，为施工地点在境外的工程项目提供建筑服务，从境内工程总承包方取得的分包款收入的，则视同从境外取得收入，免征增值税。但是，如果不是全部收入都从境外取得，则不予免征增值税。

第 6 节　进项税额的管理

企业登记为增值税一般纳税人，便会涉及增值税进项税额抵扣。进项税额是指纳税人购进货物、加工修理修配劳务、服务、无形资产或者不动产，支付或者负担的增值税额。用计算公式表示为：

进项税额＝（外购原料、燃料、动力）价格 × 税率

一、准予从销项税额中扣除的进项税额

纳税人取得的增值税扣税凭证，只有符合法律、行政法规或者国家税务总局有关规定，其进项税额才能从销项税额中扣除。其中，增值税扣税凭证包括增值税专用发票、海关进口增值税专用缴款书、农产品收购发票、农产品销售发票和完税凭证。

因此，根据税法和国家税务总局相关规定，以下进项税额可以从销项税额中抵扣：

1. 从销售方取得的增值税专用发票（含增值税电子专用发票、税控机动车销售统一发票）上注明的增值税额；

2. 从海关取得的海关进口增值税专用缴款书上注明的增值税额；

3. 购进农产品，除取得增值税专用发票或者海关进口增值税专用缴款书外，按照农产品收购发票或者销售发票上注明的农产品买价和 9% 的扣除率计算的进项税额；

4. 从境外单位或者个人购进服务、无形资产或者不动产，取得的解缴税款的完税凭证上注明的增值税额；

5. 购进的固定资产、无形资产、不动产，既用于一般计税方法计税项目，又用于简易计税方法计税项目、免征增值税项目、集体福利或者个人消费的进项税额；

7. 支付的道路通行费，按照收费公路通行费增值税电子普通发票上注明的增值税额抵扣进项税额；

8. 购进国内旅客运输服务进项税额，比如铁路旅客运输取得注明旅客身份信息的铁路车票的，其进项税额＝票面金额 ÷（1 ＋ 9%）×9%。

表 5-2　增值税进项税额抵扣凭证以及抵扣规定一览表

<table>
<tr><th>项目</th><th>票据种类</th><th>抵扣规定</th></tr>
<tr><td rowspan="10">增值税抵扣凭证</td><td>增值税专业发票</td><td rowspan="4">需要认证、勾选确认或稽核比对；按照票面注明税额抵扣</td></tr>
<tr><td>机动车销售统一发票</td></tr>
<tr><td>海关进口增值税专用缴款书</td></tr>
<tr><td>收费公路通行费增值税电子普通发票</td></tr>
<tr><td>解缴税款完税凭证</td><td>直接申报抵扣，按照票面注明税额抵扣</td></tr>
<tr><td>农产品销售或收购发票</td><td>按照票面金额和扣除率计算抵扣</td></tr>
<tr><td>桥闸通行费发票</td><td>按照票面金额 ÷（1 ＋ 5%）×5%
计算抵扣</td></tr>
<tr><td>航空运输电子客票行程单</td><td>注明旅客身份信息，按照（票价＋燃油附加费）÷（1 ＋ 9%）×9% 计算抵扣</td></tr>
<tr><td>铁路车票</td><td>注明旅客身份信息，
按照票价 ÷（1 ＋ 9%）×9% 计算抵扣</td></tr>
<tr><td>公路、水路等其他客票</td><td>注明旅客身份信息，
按照票价 ÷（1 ＋ 3%）×3% 计算抵扣</td></tr>
</table>

二、不得从销项税额中抵扣的进项税额

同时，按照税法和国家税务总局规定，一些项目不得从销项税额中抵扣进项税额。具体包括以下几个方面：

1. 用于简易计税方法计税项目、免征增值税项目、集体福利或者个人消费的购进货物、加工修理修配劳务、服务、无形资产和不动产；

2. 非正常损失（纳税人自身原因造成的，征税对象实体的灭失）的购进货物、加工修理修配劳务和交通运输服务；

3. 非正常损失的在产品、产成品所耗用的购进货物（不包括固定资产）、加工修理修配劳务和交通运输服务；

4. 非正常损失的不动产，以及其所耗用的购进货物（包括建筑装饰材料和给排水、采暖、卫生、通风、照明、电梯、中央空调等配套设施）、设计服务和建筑服务；

5. 非正常损失的不动产在建工程（包括新建、改建、扩建、修缮、装饰）所耗用的购进货物、设计服务和建筑服务；

6. 购进的贷款服务、餐饮服务、居民日常服务和娱乐服务，以及财政部和国家税务总局规定的其他情形。

需要注意的是，固定资产、无形资产、不动产的进项税额抵扣具有一定的特殊性。纳税人购入固定资产、无形资产、不动产，若是既用于一般计税方法计税项目，又用于简易计税方法计税项目、免征增值税项目、集体福利或者个人消费，那么其进项税额可以全额抵扣。同时，纳税人购进其他权益性无形资产（包括基础设施资产经营权，公共事业特许权，配额、经营权、经销权，分销权，代理权，域名、名称权，肖像权，冠名权等），不管是专用于简易计税方法计税项目、免征增值税项目、集体福利或者个人消费，还是兼用于上述不允许抵扣项目，其进项税额都可以全额抵扣。纳税人取得不动产或者不动产在建工程，其进项税额可以一次性抵扣。

三、 进项税额加计抵减

为减少纳税人税负，近些年国家也积极出台了一些减税降费政策，其

中加计抵减便是允许特定纳税人按照当期可抵扣进项税额的一定比例抵减应纳税额的增值税优惠政策。该政策适用于一般纳税人，适用于增值税一般计税方法。

根据《财政部　税务总局关于明确增值税小规模纳税人减免增值税等政策的公告》规定，自2023年1月1日至2023年12月31日，增值税加计抵减政策按照以下规定执行：

1. 允许生产性服务业纳税人按照当期可抵扣进项税额加计5%抵减应纳税额。生产性服务业纳税人，是指提供邮政服务、电信服务、现代服务、生活服务取得的销售额占全部销售额的比重超过50%的纳税人。

2. 允许生活性服务业纳税人按照当期可抵扣进项税额加计10%抵减应纳税额。生活性服务业纳税人，是指提供生活服务取得的销售额占全部销售额的比重超过50%的纳税人。

3. 纳税人适用加计抵减政策的其他有关事项，按照《财政部　税务总局　海关总署关于深化增值税改革有关政策的公告》《财政部　税务总局关于明确生活性服务业增值税加计抵减政策的公告》等有关规定执行。

加计抵减额的计算公式为：

当期计提加计抵减额＝当期可抵扣进项税额×10%或5%

当期可抵减加计抵减额＝上期末加计抵减额余额＋当期计提加计抵减额－当期调减加计抵减额

某建筑企业是一般纳税人，从事现代服务业务，根据以上公告规定相关规定，该企业符合增值税进项税额加计抵减5%政策。2022年8月税款所属期销项税额9 000元，当期认证进项税额8 000元，当期因购进货物改变用途用于不得抵扣增值税项目应进项税额转出200元。上期留抵税额为0，期初加计抵减余额为0。

那么，该建筑企业当期计提加计抵减额＝当期可抵扣进项税额×5%＝

8000 × 5% = 400（元）。

当期调减加计抵减额 = 200 × 5% = 10（元）。

当期可抵减加计抵减额 = 上期末加计抵减余额 + 当期计提加计抵减额 − 当期调减加计抵减额 = 0 + 400 − 10 = 390（元）。

本期纳税人抵减前应纳税额为 700 元，所以本期可实际抵减额为 700 元，结转下期抵减额为 180 元，本月增值税应纳税额为 0 元。

需要注意的是，根据《财政部 税务总局关于明确增值税小规模纳税人减免增值税等政策的公告》相关规定，纳税人出口货物劳务、发生跨境应税行为不适用加计抵减政策，其对应的进项税额不得计提加计抵减额。

四、进项税额抵扣的风险

进行进项税额抵扣时，企业也存在着一些税务风险，我们需要提高风险防范意识，谨慎小心管理和操作。具体风险包括以下几方面：

1. 不按照相关规定抵扣进项税，混淆一般计税项目和简易计税项目。

比如，把一些简易计税项目购进物资取得的增值税进项税抵扣凭证，在一般计税项目中进行抵扣，以至于造成增值税、城市维护建设税及附加的少缴纳。

2. 企业购入集体福利或个人消费用品和其他非应税项目，其进项税额未转出，导致增值税、城市维护建设税及附加的少缴纳。

3. 虚开发票，或非法取得建筑主材发票，造成多抵扣进项税和虚增成本。

4. 有意或无意地多取得劳务发票，造成多抵扣进项税和虚增成本，产生少缴企业所得税的风险。

5. 不按照税法规定抵扣旅客运输服务进项税额，导致多抵、少抵、误抵的风险。

总之，建筑企业一定要做好进项税额管理，按照相关法律法规进行抵扣，这样才能减少税务风险的发生。

第 7 节　销项税额的管理

销项税额是指增值税纳税人销售货物、加工修理修配劳务、服务、无形资产或者不动产，按照销售额和适用税率计算并向购买方收取的税额。

销项税额可以分为含税、不含税两种计算方法，其计税基础都是根据销售额确认的。其计算公式为：

当期销项税额＝当期销售额 × 适用税率

销项税额＝销售额（不含税）× 税率

销项税额＝销售额（含税）÷（1＋税率）× 税率

某建筑企业向某装饰公司出售一批砂土、石料，价款为 1 500 万元（不含税），增值税适用税率为 13%，那么销项税额的计算方法为：

销项税额＝ 1500×13% ＝ 195（万元）。

如果价款 1 500 万元为含增值税税额，增值税适用税率为 13%，那么，不含税销售额为：

不含税销售额＝ 1500÷（1 ＋ 13%）＝ 1327.43（万元）。

销项税额＝ 1327.43 ×13% ＝ 172.56（万元）。

一、销售额的确定

销售额是指纳税人发生应税行为取得的全部价款和价外费用，财政部和国家税务总局另有规定的除外。

价外费用，是指价外收取的各种性质的费用，包括手续费、补贴、基金、集资费、返还利润、奖励费、违约金、延期支付利息、包装费、包装物租金、储备费、优质费、运输装卸费、代收款项和代垫款项等费用。

价外费用不包括以下项目：一是代为收取并符合《营业税改征增值税试点实施办法》第十条规定的政府性基金或者行政事业性收费；二是以委托方名义开具发票代委托方收取的款项。

确定销售额时，我们需要注意以下问题：

1. 销售额为不含税金额，如果价外费用是含增值税的，应当换算为不含增值税的金额，然后再并入销售额。

2. 价外费用按照所销售货物或服务的税率计算销项税额。如果是混合销售行为，应当按照主业（通常以年度数据为依据）适用的税率计算。

3. 兼营免税或减税项目的，其销售额要分别核算，否则不能享受优惠政策。

4. 折扣销售时，价款和折扣额需要在同一张发票上的“金额栏”分别注明才能按照折扣后的销售额征收增值税，否则不能按照折扣后的销售额征收增值税。

需要注意的是，折扣销售不等于销售折扣，销售折扣不得从销售额中减除。折扣销售仅限于货物价格的折扣，如果将自产、委托加工和购买的货物用于实物折扣的，则该实物款额不能从货物销售额中减除。

5. 如果建筑企业应税行为价格明显偏低或者偏高且不具有合理商业目的，主管税务机关有权确定销售额。

二、销项税额

销项税额是发生应税行为时向购买方收取的增值税额，实际上是由购买方承担的。它与增值税纳税义务直接相关，没有增值税纳税义务就没有所谓的销项税额。

采用增值税一般计税方法时，应纳税额等于当期销项税额减去当期进项税额的余额。如果余额是负数，即当期销项税额小于当期进项税额不足抵扣时，其不足部分可以结转到下期继续抵扣。

而采用简易计税方法时，应纳税额的销售额是按照差额方法来试算的，其计算公式为：

应纳增值税额 =（全部价款和价外费用—支付的分包款）÷（1 + 3%）×3%

其中，销售额不包括其应纳税额，应该按照销售额和应纳税额合并的方法来计算销售额。

销售额=含税销售额 ÷（1 +征收率）

某建筑公司承包某地一项工程项目，该项目选择简易计税方法。2023 年 3 月 3 日，该建筑公司取得一笔工程进度款 1 030 万元，当期依法取得未扣除的分包发票 515 万元。那么该建筑企业的应纳增值税额为：

应纳税额=（1030 − 515）÷（1 + 3%）×3% = 15（万元）。

最后需要明确的是，进项税额和销项税额的纳税主体不同，进项税额是其他公司开具给本公司的，属于本公司支出；而销项税额则是本公司开具给其他公司的，是本公司收入所对应的税额。

第六章

企业所得税的缴纳与核算

第 1 节　所得税收入的确定

建筑企业的营业收入是指企业在生产经营活动中承包工程、销售产品、提供劳务等实现的收入。营业收入是企业生产经营成果的价值表现，是企业一项重要的财务指标。

收入的确定是一个非常重要的问题，它不仅关系到成本、费用的正确结转，还会影响到利润和应纳所得额以及应纳所得税的计算。同时，会计计算上的收入确认和税法上作为纳税人的收入确定是不同的。

一、会计计算上的收入确认

建筑企业收入包括建造工程合同收入和其他业务收入。其中，建造工程合同收入包括以下几种：

1. 建造工程合同初始收入，即建造承包方与客户合同中最初商定的合同总金额，包括合同工程价款、临时设施费、劳动保险费、施工机构调迁费等；

2. 合同变更收入，即客户改变合同规定的作业内容而增加的收入；

3. 工程索赔款收入，即客户或第三方导致的，由承包方向客户或第三方收取的，用来补偿不包括在合同造价中的成本款项的收入；

4. 奖励款收入，即工程达到或超过规定的标准时，客户支付给建造承包方的额外款项。

其他业务收入则包括以下几种：

1. 产品销售收入，即企业销售产品取得的收入，比如销售自制的机械设备和机械配件等建筑结构件而取得的收入；

2. 机械作业收入，即企业或其内部独立核算的机械或运输设备对外单位提供机械作业、运输作业而取得的收入；

3. 材料销售收入，即企业出售建筑材料或其他材料而获得的收入；

4. 无形资产转让收入，即企业对外转让无形资产而取得的收入；

5. 固定资产出租收入，即企业对外出租厂房、机械设备等固定资产而取得的收入；

6. 对外承包工程收入，即企业承包国外工程、国内外资工程和提供劳务而取得的收入；

7. 多种经营收入，即企业开展多种经营业而取得收入，比如饮食、服务等其他商业活动。

二、所得税收入的确定

根据《企业所得税法实施条例》规定，企业受托加工制造大型机械设备、船舶、飞机、以及从事建筑、安装、装配工程业务或者提供其他劳务等，持续时间超过12个月的，按照纳税年度内完工进度的工作量确认收入。同时，《国家税务总局关于确认企业所得税收入若干问题的通知》进一步明确，在各个纳税期末，提供劳务交易的结果能可靠估计的，应当按照完工进度法确认提供劳务收入。

提供劳务交易的结果能可靠估计，必须同时满足三个条件：收入的金额能可靠地计量；交易的完工进度能可靠地确定；交易中已发生和将发生的成本能可靠地核算。而提供劳务完工进度的确定，可以选择以下三种方式：已完工作的测量；已提供劳务占劳务总量的比例；发生成本占总成本的比例。

就是说，企业应当按照从接受劳务方已收或应收的合同或协议价款确定劳务收入总额。其中，当期劳务收入等于纳税期末提供劳务收入总额乘以完工进度，再扣除以前纳税年度累计已确认提供劳务收入。当期劳务成本等于提供劳务估计总成本乘以完工进度，再扣除以前纳税期间累计已确认劳务成本。

用公式表示，即：

当期劳务收入＝纳税期末提供劳务收入总额 × 完工进度－以前纳税年度累计已确认提供劳务收入

当期劳务成本＝提供劳务估计总成本 × 完工进度－以前纳税期间累计已确认劳务成本

企业收入总额包括以货币形式和非货币形式等各种来源而取得的收入。货币形式收入，包括现金、存款、应收账款、应收票据、准备持有至到期的债券投资等。非货币形式收入，包括固定资产、生物资产、无形资产、股权投资、存货、不准备持有至到期的债券投资、劳务以及有关权益等。

除此之外，还有一些企业确认收入的特殊规定，具体情况如下：

1. 开发产品销售收入是指销售开发产品过程中取得的全部价款。其中包括现金、现金等价物及其他经济利益。如果企业代有关部门、单位收取各种基金、费用和附加费，只要纳入开发产品价内或由企业开具发票的，都应该按规定全部确认为销售收入。

2. 企业签订《房地产销售合同》或《房地产预售合同》所取得的收入，应确认为销售收入。如果采取一次性全额收款方式销售开发产品，应该在实际收讫价款或取得索取价款凭据之日确认收入；如果采取分期收款方式销售开发产品，应当按照销售合同或协议约定的价款和付款日确认收入。

第 2 节　企业资产和负债的计税基础

我国企业所得税会计采取资产负债表债务法，企业要从资产负债表出发，通过比较资产负债表上的资产、负债按照会计准确规定确定的账面价值与税法规定来确实计税基础。

在这种前提下，企业一般应当在每一资产负债表日进行所得税核算。发生特殊交易或事项时，应当在确认因交易或事项产生的资产、负债时，确认相关所得税的影响。

进行所得税核算时，企业应该遵循以下程序：

1. 按照会计准则确定资产负债表中，除了递延所得税资产和递延所得负债之外的资产和负债的账面价值；

2. 确定资产负债表中资产和负债的计税基础；

3. 比较资产和负债的账面价值与其计税基础，分析两者差异；

4. 按照适用方法计算确定当期应纳所得税额，并根据税率计算当期应交所得税；

5. 确定利润表中的所得税费用。

所以说，资产、负债的计税基础是所得税会计的关键，也与税法的规定密切相关。下面我们具体来了解资产和负债的计税基础：

一、资产的计税基础

资产的计税基础是指某一项资产在未来期间计税时，按照税法规定可以在税前扣除的金额。在初始确认时，资产的计税基础一般是企业为取得某项资产时需要支付的成本。而在资产持续持有过程中，其计税基础是其取得成本减去以前期间按照税法规定已扣除金额的余额。

下面我们具体说明企业部分重要资产项目计税基础的确定。

1. 固定资产。

一般来说，固定资产在取得时其账面价值等于计税基础。不过在进行后续计量时，由于会计与税法中规定的折旧方法、折旧年限以及固定资产减值准备的提取等处理不同，也可能造成账面价值与计税基础产生差异。

2021 年 3 月，某建筑公司购置一台机器设备，价格为 500 万元，使用年限为 10 年，会计上使用双倍余额递减法计提折旧，净残值为零。根据税法规定该类固定资产采用年限平均法计提折旧，净残值为零。2023 年 3 月，该公司估计该机器设备的可回收金额为 250 万元。

假设 2023 年 3 月该固定资产的账面价值为 300 元，即账面净值大于可收回金额，差额便应计提 50 万元的固定资产减值准备，作为可抵扣的暂时性差异。

该固定资产的账面价值＝500 － 500×20% － 400×20% － 50＝270(万元)。

其计税基础＝ 500 － 500×10% － 500×10% ＝ 400（万元）。

账面价值与计税基础的差额为 130 万元，这一差额便是未来期间减少企业的应纳税所得额。

2. 无形资产。

除了内部研究开发形成的无形资产外，企业取得的无形资产初始确认时，其账面价值与计税成本是相等的。

需要注意的是，根据企业会计准则规定按照无形资产的使用寿命，可以将其分为使用寿命有限的无形资产和使用寿命不确定的无形资产。对于使用寿命不确定的无形资产，不要求摊销，但是在持有期间，每年都应该进行减值测试。而根据税法规定，企业取得的无形资产成本，应当在一定期限内摊销。这也就造成了使用寿命不确定的无形资产的账面价值与计税基础的差异产生。

3. 以公允价值计量且其变动计入当期损益的金融资产。

以公允价值计量且其变动计入当期损益的金融资产，按照会计准则规定，在某一会计期末的账面价值为公允价值。按照税法规定，资产在持有期间在公允价值变动时不计入应纳税所得额，而是等到处置时一并计算并计入应纳税所得额的金额。

2022年11月1日某建筑公司取得一项权益性投资，支付价款为1 000万元，作为交易性金融资产核算。2022年12月31日，该投资市价为1 200万元。

按照会计准则规定，该项资产在2022年资产负债表日的账面价值为1 200万元。而根据税法规定，该资产在持有期间的公允价值变动不计入应纳税所得额，其计税基础仍为1 000万元。其账面价值和计税基础的差额200万元，这个差额将在未来期间转回时计入应纳税所得额的金额。

4. 其他资产。

因为会计准则和税法的规定不同，企业持有的其他资产也可能造成账面价值和计税基础的差异。

比如，计提资产减值准备的各项资产，计提之后其价值会下降。而根据税法规定资产在发生实质性损失前，不允许税前扣除，所以其计税基础是不变的。这就导致了在计提资产减值准备后，其账面价值和计税基础之间产生差异。

二、负债的计税基础

负债的计税基础是指其账面价值减去未来期间计算应纳税所得额时按照税法规定可予抵扣的金额，也就是企业按照税法进行核算，资产负债表上有关负债的应有金额。

一般来说，负债的确认与偿还不会影响企业未来期间的损益，也不影响其未来期间的应纳税所得额。所以，未来期间计算应纳税所得额时，账面价值等于计税基础。比如，短期借款和应付账款等负债项目，在未来期间计算应纳税所得额时，账面价值即为计税基础。

但是，在一些特殊情况下，负债的确认可能会影响企业的损益。这时，其计税基础与账面价值将会产生差异。

下面我们具体说明一些负债项目计税基础的确定：

1. 预计负债。

按照会计准则规定，企业应将预计提供售后服务发生的支出在销售当期确认为费用，同时确认预计负债。按照税法规定，与销售产品相关的支出应该在发生时作税前扣除。所以，该类事项产生的预计负债，计税基础为0。因其他事项确认的预计负债，其账面价值等于计税基础。

2. 合同负债。

企业收到客户预付款项时，因不符合收入确认条件，会计上会确认为合同负债。其计税基础等于账面价值。

某建筑公司于2022年12月1日收到一笔合同预付款，金额为200万元，作为合同负债核算。按照税法规定，该款项应计入取得当期应纳税所得税额。那么，该合同负债在该公司资产负债表中的账面价值为200万元，计税基础也为200万元。

3. 应付职工薪酬。

企业应给与职工的各种形式的报酬以及其他相关支出应作为企业的成本、费用，在未支付前确认为负债。根据税法规定，职工薪酬应税前扣除，并明确了税前扣除标准。如果企业按照会计准则规定计入的成本费用支出超过规定标准，那么超出部分应进行纳税调整。

4. 其他负债。

其他负债包括企业应交付的行政性罚款和税款滞纳金等，在未支付之前确认为费用，同时确认为负债。根据税法规定，行政性罚款和税款滞纳金不能税前扣除，所以其计税基础等于账面价值。

第 3 节　企业所得税的税前扣除

按照《企业所得税法》规定，企业应纳税所得额的计算与其实际取得的收入、成本及费用支付有关。就是说，属于当期的收入和费用，不管款项是否收付，都计入当期收入和费用。企业实际发生的与取得收入有关的支出，包括成本、费用、税金、损失及其他支出，应当在计算应纳税所得额时扣除。

计算应纳税所得额时，需要注意以下内容：

1. 企业发生的支出应分为收益性支出和资本性支出，其中，收益性支出当期直接扣除，而资本性支出应分期扣除或计入有关资产成本，不得在当期直接扣除；

2. 不征税收入若是用于其所形成的费用或财产的支出，不得扣除，或者计算对应的折旧、摊销扣除；

3. 除《企业所得税法》特别规定外，实际发生的成本、费用、税金、损失等支出，不应当在税前进项重复扣除。

一、企业所得税税前扣除的内容

为了更好了解企业企业所得税的税前扣除的相关规定，我们需要了解其包含的具体内容。

1. 成本。

成本是企业在生产经营活动中发生的耗损，包括直接成本和间接成本。

直接成本包括直接支出（即直接材料、直接人工，以及其他直接）、制造费用（即分厂与车间管理人员工资、折旧费、维修费、修理费等）。

间接成本包括车间房屋建筑物和机器设备的折旧费、租赁费、修理费、机物料消耗、水电费、办公费等。

2. 费用。

费用是企业每一个纳税年度为生产、经营商品和提供劳务等所发生的费用，包括销售费用、管理费用和财务费用。

销售费用包括广告费、运输费、装卸费、包装费、展览费、经营性租赁费及销售部门发生的差旅费、工资、福利费等费用。

管理费用包括公司经费、职工教育经费、业务招待费、税金、技术转让费、无形资产摊销、咨询费、诉讼费等。

财务费用包括利息净支出、汇兑净损失、金融机构手续费等。

3. 税金。

税金是企业发生的除企业所得税和允许抵扣的增值税之外的，企业缴纳的各项税金以及附加。包括消费税、城市维护建设税、资源税、土地增值税、房产税、车船税、城镇土地使用税、印花税、教育费附加等。

4. 损失。

损失是企业在生产经营活动中产生的固定资产和存货的损失。包括转让财产损失、呆账损失、坏账损失、自然灾害等不可抗力因素造成的损失等。

除成本、费用、税金、损失外，企业在生产经营活动中也可能产生其他与生产经营活动有关的支出。

二、税前扣除的标准与规定

计算企业所得税时，准予税前扣除的具体项目以及扣除标准见表6-1。

表6-1 准予税前扣除项目表

项目	扣除标准
工资、薪金支出	按照实际发生额扣除
职工福利费支出	不超过工资、薪金总额14%的部分，准予扣除
工会经费支出	不超过工资、薪金总额2%的部分，准予扣除

续　表

项目	扣除标准
职工教育经费支出	不超过工资、薪金总额2.5%的部分，准予扣除，超出部分，结转以后纳税年度扣除
劳动保护支出	合理的劳动保护支出，准予扣除
补充养老保险费、补充医疗保险费支出	在国家财政部、税务主管部门规定范围和标准内，准予扣除
业务招待费用支出	按照发生额的60%扣除，最高不得超过当年销售收入的5‰
广告费宣传费支出	除国务院财政、税务主管部门有特殊规定外，不超过当年销售收入15%的部分，准予扣除。超过的部分，结转以后纳税年度扣除
安全生产费用支出	各类建设工程类别按照规定计提安全生产费，比如矿山工程为2.5%，铁路工程、电力工程等为2.0%，市政公用工程、化工石油工程为1.5%
党组织工作费支出	不超过职工年度工资、薪资总额1%，准予扣除
公益性捐赠支出	不超出年度利润总额12%的部分，准予扣除
利息支出	向金融企业借款的利息支出，可以按照实际数扣除；向非金融企业借款的利息支出，不超过金融企业同期同类贷款利率计算数额的部分，可以按照实际数扣除。超出的部分不得扣除
残疾人就业保障金支出	安排残疾人就业比例不低于本单位在职职工总数1.5%的，残疾人就业保障金计入管理费用，据实扣除
坏账损失	除贷款类债权外的应收、预付账款符合以下条件之一的，减除可收回金额后确认无法收回的，可以作坏账损失在计算应纳税所得额时扣除： 1. 债务人依法宣告破产、关闭、解散、被撤销，或者被依法注销、吊销营业执照，其清算资产不足以清偿的； 2. 债务人死亡或依法被宣告失踪、死亡的，其财产或遗产不足以清偿的； 3. 债务人逾期三年未清偿，且有确凿证据证明已经无力清偿的； 4. 与债务人达成债务重组协议或法院批准破产重组计划后，无法追偿的； 5. 因自然灾害、战争等不可抗力导致无法收回的

需要注意的是，在计算应纳税所得额时，为职工缴纳的社会保险费，即我们所说的“五险一金”在国务院有关主管部门或者省级人民政府规定的范围和标准内的，准予扣除。不过，企业为投资者或职工支付的商业保险费，不得扣除。

租赁费也需要按照实际情况扣除。即以经营租赁方式租入固定资产的，按照租赁期限均匀扣除；以融资租赁方式租入固定资产的，按照融资租入固定资产价值的部分应当提取折旧费用，分期扣除。

下面我们介绍在计算企业应纳所得税额时，不得扣除的部分项目。具体包括以下几类：

1. 向投资者支付的股息、红利等权益性投资收益款项；

2. 企业所得税税款；

3. 纳税人违反税收法规，被税务机关处以的滞纳金；

4. 纳税人违反国家有关法律法规规定，被有关部门处以的罚款，以及被司法机关处以的罚金和被没收的财物；

5. 超过规定标准的捐赠支出以及赞助支出；

6. 未经核定的准备金支出，包括各项资产减值准备、风险准备等；

7. 企业之间支付的管理费、企业内营业机构之间支付的租金、特许权使用费，以及其他与取得收入无关的支出。

第 4 节 递延所得税资产与递延所得税负债

由于资产、负债的账面价值与其计税基础不同，两者之间便产生了差额。这一差额被称之为暂时性差异。

同时，因为账面价值和计税基础的不同，在未来收回资产或清偿负债的期间内，应纳税所得额的增加或减少，也将会导致未来期间应交所得税的增加或减少。在这种情况下，在相关的暂时性差异发生当期，符合确认条件的应当确认为相关的递延所得税资产及递延所得税负债。

一、暂时性差异

暂时性差异可以分为两种，即应纳税暂时性差异和可抵扣暂时性差异。

应纳税暂时性差异是指在确定未来收回资产或清偿负债期间的应纳税所得额时，将导致产生应税金额的暂时性差异。它通常在以下情形产生：

1. 资产的账面价值大于其计税基础时。

比如，一项固定资产的账面价值为 500 万元，计税基础为 380 万元，其差额会造成未来期间应纳税所得额和应交所得税的增加。那么，在其产生当期应确定相关的递延所得税负债。

2. 负债的账面价值小于其计税基础时。

比如，某项费用支出的账面价值为 300 万元，计税基础为 400 万元，这意味着该项负债在未来期间可以税前抵扣的金额为 -100 万元，即导致未来期间应纳税所得额和应交所得税的增加。那么，在其产生当期应确定相关的递延所得税负债。

可抵扣暂时性差异是指在确定未来收回资产或清偿负债期间的应纳税所得额时，将导致产生可抵扣金额的暂时性差异。在可抵扣暂时性差异产生当期，符合确认条件的，应确认相关的递延所得税资产。它通常产生于以下情形：

1. 资产的账面价值小于其计税基础。

比如，一项固定资产的账面价值为500万元，计税基础为600万元，其差额会导致未来期间应纳税所得额和应交所得税的减少，形成可抵扣暂时性差异。

2. 负债的账面价值大于其计税基础。

比如，一项负债的账面价值为500万元，计税基础为400万元，这意味着未来期间与负债相关的全部或部分支出可以从未来应税金额中扣除，导致未来期间应纳税所得额和应交所得税的减少。

除以上资产和负债外，对于某些特殊交易中产生的资产、负债，其计税基础应该遵从税法的规定。同样，因为账面价值和计税基础的不同，也将产生暂时性差异。

二、递延所得税资产与递延所得税负债的确认

确定应纳税暂时性差异和可抵扣暂时性差异后，企业应当按照所得税会计准则的规定来确认相关的递延所得税资产与递延所得税负债。

1. 递延所得税资产。

递延所得税资产产生于可抵扣暂时性差异。资产、负债的账面价值与其计税基础不同，产生可抵扣暂时性差异的，在未来期间能够利用该可抵扣暂时性差异，应当以取得用来抵扣的可抵扣暂时性差异的应纳税所得额为限，确认相关的递延所得税资产。

确认递延所得税资产时，应当以预期收回该资产期间适用的所得税税率为基础进行计算。需要注意的是，递延所得税资产是不能折现的。

2. 递延所得税负债。

除《企业会计准则》中明确规定可不确认递延所得税负债的外，企业对于所有的应纳税暂时性差异都应该确认相关的递延所得税负债。确认递延所得税负债时，应当增加利润表的所得税费用。

某建筑公司于2020年1月3日开业，2021年和2022年免征企业所得税，从2023年1月1日开始适用所得税税率为25%。2020年2月3日开始，该公司开始计提折旧的一台大型机器设备，在2020年12月31日账面价值为100万元，计税基础为80万元。那么，2020年12月31日递延所得税负债为：

递延所得税负债=（100 − 80）×25% = 5（万元）。

根据《企业会计准则》规定，在资产负债表日，对于递延所得税负债，应当依据适用税法规定按照预期收回该资产或清偿该负债期间的适用税率进行计算。同样，递延所得税负债是不能折现的。

需要注意的是，当适用税率发生调整时，已确认的递延所得税资产和递延所得税负债的金额也需要进行调整。直接计入所有者权益的交易或事项所产生的，其调整的金额应计入所有者权益。而其他情况产生的金额调整，应确认为当期的所得税费用或收益。

第 5 节 固定资产的加速折旧

在生产经营过程中，建筑企业使用的固定资产会发生损耗，其价值减少后只存一些残值。原值与残值之间的差额，就是固定资产的折旧额。

固定资产折旧的原因有两个，一是有形损耗，就是自然磨损；一是无形损耗，就是因为科学进步、市场需求变化等原因带来的损耗。

一、影响固定资产计提折旧的几个因素

建筑企业计算固定资产折旧时应该考虑以下几个因素：

1. 计提折旧基数。

即固定资产原始价值或固定资产的账面净值。一般企业计提折旧的依据通常为固定资产的原值；选用双倍余额递减法核算的企业，计提折旧的依据通常为其账面净值。

2. 固定使用寿命。

即折旧年限，它直接关系到折旧率的高低。建筑企业确定固定资产的使用寿命时，应当主要考虑预计生产能力或实物产量，预计有形损耗或无形损耗，以及法律或者类似规定对资产使用的限制。

3. 折旧方法。

固定资产所采用的折旧方法不同，在一个会计期间多计提的折旧额是不同的。建筑企业应当根据自身实际情况选择适合自己的、有利于节税的折旧方法。

4. 固定资产净残值。

它等于预计固定资产清理报废时可以收回的残值减去预计清理费用。

建筑企业应当对所有固定资产计提折旧，除了已经提足仍继续使用的

固定资产，以及按照规定难以估价作为固定资产入账的土地除外。需要注意的是，已达到预定可使用状态，但尚未办理竣工决算的固定资产，应当按照估值确定其成本，并计提折旧。等到办理竣工决算后，再按照实际成本调整原来的暂估价值。

二、固定资产折旧的计算方法

固定资产折旧方法有很多，一般可以采用年限平均法、工作量法、双倍余额递减法、年数总和法等。折旧方法一经确定，不得随意变动。如果需要变更的，应当在财务报表附注中予以说明。

因为固定资产的折旧方法不同，建筑企业所缴纳所得税也不同。折旧额越大，应扣税所得越小，税负就越轻。虽然固定资产的扣除不能超过其原价值，但是由于方法不同，会让所得税税款提前或滞后，从而产生不同的时间价值。也就是说，不同的折旧方法，会直接影响企业当期应纳税所得额的多少。

1. 年限平均法。

年限平均法是将固定资产的可折旧价值平均分摊到其可折旧年限内。这种方法适用于各个会计期间使用程度比较均衡的固定资产。其计算公式为：

年折旧额＝（固定资产原值—预计净残值）÷ 预计使用年限

月折旧额＝ 年折旧额 ÷12

某建筑企业购入一台生产设备，原值为 30 万元，预计清理费为 12 000 元，预计残值为 50 000 元。预计适用年限为 10 年，那么用年限平均法计算其折旧额为：

年折旧额＝ [300000 —（50000 — 12000）] ÷ 10 ＝ 24900（元）。

月折旧额 ＝ 24900 ÷ 12 ＝ 2075（元）。

2. 工作量法。

工作量法也叫作业量法，即根据固定资产在使用期间完成的总工作量平均计算折旧。其计算公式为：

单位工作量折旧额＝（原值—预计净残值）÷ 预计总工作量

月折旧额＝单位工作量折旧额 × 当月实际完成工作量

3. 双倍余额递减法。

双倍余额递减法是按照年限平均法折旧率的两倍乘以固定资产在每个会计期间的期初账面净值计算折旧。它是一种加速折旧法，其计算公式为：

年折旧率＝（2÷ 预计使用年限）×100%

年折旧额＝期初固定资产账面净值 × 年折旧率

某建筑企业为一般纳税人，适用所得税税率为 25%。2022 年 1 月建造一栋新厂房，投资费用为 350 万元，预计使用期限为 20 年，预计净残值为 30 万元；2022 年 5 月新购进一批大型机器设备，原值为 320 万元，预计使用期限为 10 年，预计净残值为 140 万元。该建筑企业采用双倍余额递减法计算隔年的折旧额：

（1）新厂房的年折旧率为：（2÷20）×100% ＝ 10%。

第一年的应计提折旧额＝ 350×10% ＝ 35（万元）。

第二年的应计提折旧额＝（350 － 35）×10% ＝ 31.5（万元）。

第三年的应计提折旧额＝（350 － 35 － 31.5）×10% ＝ 28.35（万元）。

第四年的应计提折旧额＝（350 － 35 － 31.5 － 28.35）×10% ＝ 25.515（万元）。

第五年的应计提折旧额＝（350 － 35 － 31.5 － 28.35 － 25.515）×10% ＝ 22.9635（万元）。

……

（2）机器设备的年折旧率为：（2÷10）×100% = 20%。

第一年的应计提折旧额= 320×20% = 64（万元）。

第二年的应计提折旧额=（320 − 64）×20% = 51.2（万元）。

第三年的应计提折旧额=（320 − 64 − 51.2）×20% = 40.96（万元）。

第四年的应计提折旧额=（320 − 64 − 51.2 − 40.96）×20% = 32.768（万元）。

第五年的应计提折旧额=（320 − 64 − 51.2 − 40.96 − 32.768）×20% = 26.2144（万元）。

可以看出，采取双倍余额递减法时，折旧率是不变的，但是每一期的折旧额是抵减的，累计折旧总额是递增的。当某一年所计提的折旧额小于按照平均法计提的折旧额时，企业应当选择平均法计提，这样才对企业更有利。

4. 年数总和法。

年数总和法就是以固定资产的原值减去预计净残值后的余额作为基数，以一个逐渐抵减的分数为折旧率，然后再计算折旧额。

其计算公式为：

年折旧率=尚可使用年限 ÷ 预计使用年限的逐年数字总和

年折旧额=（固定资产原值—预计净残值）× 年折旧率

某建筑企业购进一台机器设备，原值为 50 000 元，预计使用年限为 5 年，预计净成值为 5 000 元。其年折旧额为：

第一年年折旧率= 5÷（1 + 2 + 3 + 4 + 5）= 33.33%。

年折旧额 =（50000 − 5000）×33.33% = 14998.5（元）。

第二年年折旧率= 4÷（1 + 2 + 3 + 4 + 5）= 26.67%。

年折旧额 =（50000 − 5000）×26.67% = 12001.5（元）。

第三年折旧率＝3÷（1＋2＋3＋4＋5）＝20%。

年折旧额 ＝（50000 － 5000）×20% = 9000（元）。

第四年折旧率＝2÷（1＋2＋3＋4＋5）＝13.33%。

年折旧额 ＝（50000 － 5000）×13.33% = 5998.5（元）。

第五年折旧率＝1÷（1＋2＋3＋4＋5）＝6.67%。

年折旧额 ＝（50000 － 5000）×6.67% = 3001.5（元）。

总之，固定资产折旧，对于企业减少税负和防范税务风险是有利的，建筑企业要根据税收政策和企业自身实际情况来选择合适的折旧方法。

第 6 节　研发费用的加计扣除

根据《企业所得税法》及其实施条例规定，企业开发新技术、新产品、新工艺发生的研究开发费用，可以在计算企业所得税应纳税所得额时加计扣除。

一、加计扣除的有关规定

具体来说，企业为开发新技术、新产品、新工艺发生的研究开发费用，未形成无形资产计入当期损益的，在按规定据实扣除的基础上，按照本年度实际发生额的 50%，从本年度应纳税所得额中扣除；已经形成无形资产的，按照无形资产成本的 150%在税前摊销。

同时根据《财政部　税务总局关于延长部分税收优惠政策执行期限的公告》规定，2018 年 1 月 1 日至 2023 年 12 月 31 日期间，企业（除符合条件的制造业企业外）开展研发活动中实际发生的研发费用，未形成无形资产计入当期损益的，在按规定据实扣除的基础上，再按照实际发生额的 75% 在税前加计扣除；形成无形资产的，在上述期间按照无形资产成本的 175% 在税前摊销。自 2021 年 1 月 1 日起，制造业企业开展研发活动中实际发生的研发费用，未形成无形资产计人当期损益的，在按规定据实扣除的基础上，再按照实际发生额的 100% 在税前加计扣除；形成无形资产的，按照无形资产成本的 200% 在税前摊销。

不过，不是所有行业企业发生的研发活动都适用于研发费用加计扣除政策。比如，以烟草制造业、住宿和餐饮业、批发和零售业、房地产业、租赁和商务服务业、娱乐业为主营业务，其研发费用发生当年的主营业务收入占企业收入总额减除不征税收入和投资收益的余额 50%（不含）以上的，不适用研发费用加计扣除政策。

某建筑企业主营建筑服务等业务，2022 年度提供建筑服务收入为 12 000 万元，兼营建筑材料销售收入为 5 000 万元，投资收益为 500 万元，当地政府拨付的财政补贴 200 万元。

该年度提供建筑服务收入占比为：12000 ÷（12000 + 5000 + 500 + 200 − 500 − 200）× 100% = 70.58%。

其比重大于 50%，所以不属于以上规定的六大行业中的“批发和零售业”，可以享受研发费加计扣除优惠政策。

除此之外，如果建筑企业出现以下情况，也适用于加计扣除优惠政策：一是会计核算不健全、不能准确归集研发费用；二是核定征收的企业；三是非居民企业。

二、加计扣除研发费用的主要内容

根据相关税法规定，可加计扣除的研发费用主要包括：人工费用、直接投入费用、折旧费用、无形资产摊销费用、新产品设计费、新工艺规程制定费、新药研制的临床试验费、勘探开发技术的现场试验费等。

在加计扣除研发费用实务中，建筑企业需要注意以下几点：

1. 由于建筑企业生产周期长，研发活动与施工生产经营过程相互交叉，所以需要将研发费用和工程成本分开核算，千万不要出现混同核算的情况，更不能将工程成本计入研发费用；

2. 对于外聘研发人员的劳务费，应同时符合“临时性”与“签订用工合同当协议”两个条件，并在支付劳务费用时取得合法有效票据；

3. 对研发人员的股权激励支出也属于工资薪金范围，可以在税前扣除；

4. 以经营租赁方式租入的用于研发活动的仪器、设备，同时用于非研发活动的，应当对于其使用情况进行记录，将实际发生的租赁费按实际工时占比等进行分配，独立进行核算研发费用和生产经营费用；

5. 企业以经营租赁方式租入的办公场所、实验室、试制车间等，其租金可计入高新技术企业的研发费用，但是不能享受加计扣除；

6. 企业用于研发活动的仪器、设备，符合税法规定且选择加速折旧方式进行折旧的，享受研发费用税前加计扣除政策时，按照税前扣除的折旧部分计算加计扣除；

某建筑企业符合固定资产加速折旧政策，于 2020 年 2 月购入并投入使用一台价值为 120 万元的研发设备，预计使用寿命为 8 年，残值率为 0%，2022 年折旧额为 15 万元。

2022 年度申报加计扣除政策时，会计折旧额为 15 万元，企业可以按照其税前扣除的 120 万元折旧计算加计扣除为：120 × 75% = 90（万元）。

2022 年企业可以享受加速折旧优惠，一次性扣除折旧额 15 万元。2023 年度以及以后年度申报加计扣除政策时，税前扣除的折旧部分 0 元，则可加计扣除 0 元。

7. 用于研发活动的无形资产，符合税法规定且选择缩短摊销年限的，进行研发费用税前加计扣除时，按照税前扣除的摊销部分计算加计扣除；

8. 其他相关费用是指与研发活动直接相关的其他费用，主要包括技术图书资料费、资料翻译费、专家咨询费、高新科技研发保险费，研发成果的检索、分析、评议、论证、鉴定、评审、评估、验收费用，知识产权的申请费、注册费、代理费，差旅费、会议费、职工福利费、补充养老保险费、补充医疗保险费。

其他相关费用限额等于允许加计扣除的研发费用中人工费用、直接投入费用、折旧费用、无形资产摊销、设计实验费用的总和乘以 10% 再除以（1 − 10%）。

某建筑企业 2022 年度某一项目发生研发费用为 100 万元，与研发活动直接相关的其他费用10万元，那么其他相关费用限额为：

（100 − 10）×10%÷（1 − 10%）= 9（万元）。

实际发生数10万元超过限额，那么该项目“其他相关费用”项只能按照9万元计算。如果实际发生数不超过限额，则项目“其他相关费用”项可以按照实际发生数计算。

三、加计扣除政策与注意事项

企业进行研发时，存在自主研发、委托研发、合作研发、集中研发以及以上方式的组合形式。不同类型的研发活动其研发费用的归集的是不同的，自然享受的加计扣除优惠政策也不同。

1. 委托研发。

不管委托方是否享受研发费用税前加计扣除政策，受托方都不可以加计扣除。

建筑企业委托外部机构或个人进行研发的费用，加计扣除时，按照研发活动发生费用的80%作为加计扣除基数。

委托境外进行研发的费用，按照费用实际发生额的80%计入委托方的委托境外研发费用，同时委托境外研发费用不超过境内符合条件的研发费用三分之二的部分，才可以加计扣除。

2. 合作研发。

企业共同合作开发的项目，各方根据自身实际承担的研发费用分别计算加计扣除。这里的合作是直接产生智力成果的创作活动。

根据《企业所得税优惠政策事项办理办法》规定，企业签订的委托研发、合作研发合同未向科技主管部门申请认定登记和未予登记的，不能享受研发费用加计扣除优惠政策。

3. 集中研发。

集中研发的各方根据生产经营和科技开发的实际情况，合理分摊加计扣除。企业必须提供集中研发项目的协议或合同、集中研发项目研发费决算表，集中研发项目费用分摊明细情况表和实际分享收益比例等资料。不能提供资料的，不得加计扣除。

除此之外，即便研发活动失败，所发生的研发费用也可享受加计扣除。企业取得作为不征税收入处理的财政性资金用于研发活动所形成的费用或无形资产，不得计算加计扣除；若是作为应税收入处理的，则可以计算加计扣除。

第7节　如何确定所得税费用

所得税费用是指企业经营利润应缴纳的所得税，是企业为取得会计前利润应当缴纳的所得税。按照资产负债表债务法核算所得税时，利润表中的所得税费用应当包括当期所得税和递延所得税。

用计算公式表示为：

所得税费用＝当期所得税＋递延所得税

其中，当期所得税是指企业按照税法规定，确定当期发生的交易和事项应缴纳的所得税额。递延所得税是指按照会计准则规定，当期应予确认的递延所得税资产和递延所得税负债金额。

所得税费用的核算程序如下：

1. 确定资产、负债的账面价值和计税基础；

2. 比较资产、负债的账面价值和计税基础，对于两者的差异，分别确认递延所得税资产和递延所得税负债；

3. 就当期发生的交易或事项确定应纳税所得额，计算应缴纳的所得税额；

4. 根据所得税计算方法，计算确定所得税费用。

所得税费用的主要账务处理如下：

1. 本科目核算企业确认的应当从当期利润总额中扣除的所得税费用；

2. 对本科目“当期所得税费用”“递延所得税费用”进行明细核算；

3. 对所得税费用进行主要账务的处理；

4. 在期末，将本科目的余额转入“本年利润”科目，结转后余额为0。

需要注意的是，企业所产生的递延所得税，一般应当记入“所得税费用”科目，但是除以下两种情况之外：一是某项交易或事项按照会计准则规定应计入所有者权益的，由其所产生的递延所得税资产或递延所得税负债也应该计入所有者权益；二是企业合并取得的资产、负债，其账面价值与计税基础有差异，应当确认相关递延所得税。如果该递延所得税的确认影响合并中产生的商誉或计入当期损益的金额。

某建筑企业2022年度利润表中利润总额为5 000万元，适用的所税率为25%。递延所得税资产和递延所得税负债不存在期初余额。该建筑企业2022年度涉及所得税会计的交易和事项如下：

（1）2022年1月开始计提折旧的一项固定资产，成本1 000万元，使用年限10年，净残值为0。会计处理按照双倍余额递减法计提折旧，税收处理按照直线法计提折旧。税法规定的使用年限及净残值与会计规定相同。

（2）2021年12月15日，购入一项机械设备，支付购买价款、运输费、安装费等共计2 000万元。12月26日，该设备经安装达到预定可使用状态，预计使用年限为10年，预计净残值为0，采取年限平均法计提折旧。

（3）2022年6月1日，因废水超标排放被环保部门处以300万元罚款，罚款已经以银行存款支付，该笔罚款不允许在税前扣除。

（4）2022年发生研究开发支出500万元，不符合资本化条件，全部计入当期费用。根据税法规定，其他发生的研究开发支出可以按照实际发生额的175%加计扣除。

（5）2022年9月12日，该公司从证券市场购入某股票，支付价款500万元。该公司将该股票作为交易性金融资产核算，12月31日其公允价值为800万元。根据税法规定，交易性金融资产持有期间公允价值变动金额不计入应纳税所得额。

那么，该建筑企业2022年度当期应缴纳企业所得税为：

应纳税所得额＝5000＋100＋200＋300＋（500－375）＋（800－

500）＝6025（万元）。

应交企业所得税额＝6025×25%＝1506.25（万元）。

该建筑企业2022年度末资产负债表相关项目金额以及计税基础如下：

表6-2 暂时性差异计算表

单位：万元

<table>
<tr><th colspan="2">项目</th><th>账面价值</th><th>计税基础</th><th>暂时性差异</th></tr>
<tr><td colspan="2">存货</td><td>800</td><td>900</td><td>100</td></tr>
<tr><td rowspan="2">固定资产</td><td>固定资产原价</td><td>3000</td><td>3000</td><td></td></tr>
<tr><td>减：累计折旧</td><td>500</td><td>300</td><td></td></tr>
<tr><td colspan="2">固定资产账面价值</td><td>2500</td><td>2700</td><td>300</td></tr>
<tr><td colspan="2">总计</td><td>—</td><td>—</td><td>400</td></tr>
</table>

由于存货、固定资产的账面价值和计税基础有差异，产生可抵扣暂时性差异400万元，那么其递延所得税资产为：400×25%＝100（万元），因此递延所得税费用为-100万元。利润表中应确认的所得税费用为：

所得税费用＝1506.25－100＝1406.25（万元）。

其会计处理如下：

借：所得税费用　　14 062 500元

　　递延所得税资产　　1 000 000元

贷：应计税费——应交企业所得税　　15 062 500元

第七章

生产销售环节其他税费的缴纳与核算

第 1 节　房产税

房产税是指以房屋为征税对象，依据房屋价格或租金收入向房屋产权所有人征收的税种。

纳税人范围包括所有房屋产权的单位、集体、个人。征收标准可以分为从价计征和从租计征，其中，从价计征的根据房产原值一次减去 10% ～ 30% 后的余值，年税率为 1. 2%；从租计征的根据是房产租金收入，年税率为 12%。具体减除幅度，由省、自治区、直辖市人民政府规定。

其计算公式为：

从价计征：应缴纳房产税税额＝房产原值 ×（1 －扣除率）×1.2%

从租计征：应缴纳房产税税额＝租金收入（不含税）×12%

某建筑企业在所属土地上建造一处厂房，房产原值为 16 000 万元。该企业为一般纳税人，该地区原值扣除率为 30%，那么，该建筑企业应缴纳的房产税额为：

16000×（1 － 30%）×1.2% ＝ 134.4（万元）。

如果厂房建好后，租赁给某服装厂作为加工车间，租金为每年 50 万元，租赁期限为 10 年。那么应缴纳房产税额为：

50×10×12% ＝ 60（万元）。

一、房产税纳税义务发生时间

不同的房产类型，纳税义务发生时间不同：

1. 自建房屋，自建成之次月起征收房产税；

2. 委托施工企业建设的房屋，从办理验收手续之次月起征收房产税；

3. 办理验收手续前已使用或出租、出借的新建房屋，自交付出租、出借房产之次月起计征房产税；

4. 购置新建商品房，自房屋交付使用之次月起计征房产税；

5. 购置存量房，自办理房屋权属转移、变更登记手续，房地产权属登记机关签发房屋权属证书之次月起计征房产税；

6. 出租、出借房产，自交付出租、出借房产之次月起计征房产税。

同时，不同类型的房产其房产税征收标准是不同的，操作要点也有所不同。下面我们具体了解以下类型房产的房产税缴纳情况：

1. 自用房产。

自用房产依照房产原值一次减除 10% ～ 30% 后的余值计算缴纳，税率为 1.2%。另外，地价应计入房产税计税依据。地价包括取得土地使用权支付的价款、开发土地发生的成本费用等。如果宗地容积率小于 0.5，则按照房产建筑面积的 2 倍计算土地面积，计入房产原值。所以，建筑企业应当正确合理地确定宗地容积率，避免影响房产原值以及房产税的缴纳金额。

同时，企业以租入、无偿使用方式占用土地并建设房产的，现行税法并未明确规定地价是否并入房产原值缴纳土地使用税，企业需要根据各地方税收政策的规定进行操作。

需要注意的是，房屋原值包括与房屋不可分割的各种附属设备或一般不单独计算价值的配套设施，比如暖气、卫生、通风、照明、煤气等设备；蒸气、压缩空气、石油、给水排水等管道，以及电力、电讯、电缆导线；电梯、升降机、过道、晒台等；以及室外扶梯、天桥、水箱、冷暖气设备、中央空调等。房屋附属设备包括水管、下水道、暖气管、煤气管等。

根据相关税法规定，凡是以房屋为载体，不可随意移动的附属设备和配套施设，都应当计入原值，缴纳房产税。但是一些不属于房产的建筑物，则可以不计入原值，进行单独记账和核算，不需要缴纳房产税。

上一案例的建筑公司所建厂房，除主体厂房、办公楼外，还有停车场、喷泉景观、员工活动设施等。整个厂房造价 1.5 亿元，停车场、喷泉景观、员工活动设施等都建在室外，并单独记账与核算，造价 500 万元。那么应纳房产税额为：

（15000 − 500）×（1 − 30%）×1.2% = 121.8（万元）。

2. 出租房产。

根据房产税相关规定，出租房产的，以房产租金收入为房产税的计税依据，税率为 12%。同时，依据《财政部 税务总局 住房城乡建设部公告》规定，2021 年从 10 月 1 日起，对企事业单位等向个人、专业化规模化住房租赁企业出租住房，减按 4% 税率征收房产税。房产出租的，计征房产税的租金收入不含增值税。

如果企业的同一栋房产既出租又自用的，应当合理分摊两部分的使用面积，并且自用部分按照自用部分面积的原值计算并缴纳房产税，出租部分按照租金收入计算并缴纳房产税。

出租房屋属于从租计征的房产范围，应该签订出租合同，不能签订仓储合同。

企业转租房屋，取得的租金不需要缴纳房产税。

3. 承受抵债房产。

房地产开发企业建造的商品房在出售前不需要缴纳房产税。在售出前，房地产开发企业已使用或出租、出借的商品房则需要按照规定缴纳房产税。房产税由产权所有人缴纳。产权出典给其他人的，由承典人缴纳。

4. 地下建筑用地。

这里的地下建筑是指具备房屋功能的地下建筑，其有屋面和维护结构，能够遮风避雨，可供人们在其中生产、经营、工作、学习、娱乐、居住或储藏物资。

根据税法规定，凡是房产税征收范围内的地下建筑，包括与地上房屋相连的地下建筑以及完全建在地面以下的建筑、地下人防设施等，都应该缴纳房产税。

需要注意的是自用的地下建筑，其计税标准是不同的。

工业用途房产，以房屋原价的 50% ～ 60% 作为应税房产原值；商业和其他用途房产，以房屋原价 70% ～ 80% 作为应税房产原值；而与地上房屋相连的地下建筑，比如房屋的地下室、地下停车场、商场的地下部分等，应当将地下部分与地上房屋视为一个整体，按照地上房屋建筑的计税标准缴纳房产税。

5. 建筑工地临时性房屋。

建筑工地临时性房屋是指为基建工地服务的各种工棚、材料棚和办公室、食堂茶炉房、汽车房等临时性房屋。在施工期间，一律免征房产税。但是，基建工程结束后，施工企业将其交换或估价转让给基建单位的，应当从基建单位接收的次月起，按照规定缴纳房产税。

另外，如果房屋大修导致连续停用半年以上，纳税人可以申请在此期间免交房产税。

第2节 资源税

资源税是对开采应税矿产品或生产盐而进行销售或者自用的单位和个人征收的税种。

资源税的税目包括五大类：能源矿产、金属矿产、非金属矿产、水气矿产、盐。每个税目都包括若干个子目，比如能源矿产包括原油、天然气、煤等；金属矿产包括铁、锰、铜、锌等；非金属矿产包括自然硫、硫铁矿、硅灰石、钠硝石等；盐则海盐原盐、湖盐原盐、井矿盐等。

资源税的纳税义务发生的时间可以分为以下几类：

1. 销售应税产品，纳税义务发生时间根据结算方式区分，采取分期收款结算方式的，是销售合同规定的收款日期的当天；采取预收货款结算方式的，是发生应税产品当天；采取其他结算方式的，是收讫货款或者取得销售凭据的当天。

2. 自产自用的应税产品，纳税义务发生时间是移送使用应税产品的当天。

3. 代扣代缴税款的，纳税义务发生时间是支付货款的当天。

资源税的纳税期限为1日、3日、5日、10日、15日或者1个月。如果不能按固定期限计算纳税的，也可以按次计算。

资源税应纳税额的计算分为从价计算和按量计算两种方式。

从价计算的计算公式为：

应纳税额＝销售额 × 适用税率

其中销售额不含增值税，这种计算方式适用于大部分资源。

按量计算的计算方式为：

应纳税额＝销售数量 × 定额税率

这种计算方式适用于黏土、砂土等资源。

根据资源税法规定，纳税人开采或生产不同税目应税产品，应当分别核算不同税目产品的销售额或销售数量。未分别核算的或者不能提供不同税目应税产品销售额或销售数量的，从高适用税率。

比如，某企业开采的能源矿产（包括煤和天然气），销售额为2000万元，适用税率分别为5%和6%。如果不分别核算，就按照较高的6%税率来计算，也就意味着企业将多缴纳税款。

根据《中华人民共和国资源税法》规定，自2020年9月1日起，在中华人民共和国领域和中华人民共和国管辖的其他海域开发应税资源的单位和个人，应当依法缴纳资源税。

其中，建筑企业辅助生产部门生产的矿产品，对外销售时应根据应缴纳的资源税，借记“税金及附加”科目，贷记“应交税金——应交资源税”科目；属于自产自用时应根据应缴纳的资源税，借记“辅助生产”等科目，贷记“应交税金——应交资源税”科目。

需要注意的是，建筑企业施工过程中开采并使用的砂石应当缴纳资源税，但是，自用于连续生产应税产品的，不缴纳资源税。建筑企业应当结合建筑业企业工程量清单，以及用料来源判断是否缴纳资源税，正确计算及时申报缴纳资源税，避免产生税务风险。

另外，很多地区对于建筑企业已经不征收资源税了。但是，建筑企业在购进原材料时，比如水、砂和石子、石灰等可能涉及代扣资源税问题。

根据《中华人民共和国资源税暂行条例实施细则》规定，扣缴义务人，是指独立矿山、联合企业及其他收购未税矿产品的单位。扣缴义务人代扣代缴税款的纳税义务发生时间，为支付货款的当天。扣缴义务人代扣代缴的资源税，应当向收购地主管税务机关缴纳。

建筑企业在施工过程中，将会使用水、水泥、砂和石子、石灰等，这就涉及代扣资源税税金问题。尤其异地施工的工程项目在预缴增值税时，项目所在地主管税务机关可能按照规定征收一定比例的资源税。所以，建筑企业收取供货方发票时，要说“完税凭证”，确认其是否已经缴纳资源税。如果不提高重视程度，出现供货方未缴纳资源税情况，建筑企业可能面临税收风险。

比如，建筑企业从自然人手中购买水泥、砂石料，供货方需要在砂石料交易发生地税务机关代开发票。在代开发票环节，向代开的税务机关根据实际情况缴纳资源税。

第 3 节　城镇土地使用税

城镇土地使用税是指国家在城市、县城、建制镇、工矿区范围内，对使用土地的单位和个人对其实际占用的土地面积征收的税种。

其纳税义务人包括：拥有土地使用权的单位和个人；拥有土地使用权的单位和个人不在土地所在地的，其土地的实际使用人和代管人；土地使用权未确定的或权属纠纷未解决的，其实际使用人；土地使用权共有的，其各方共有人。

城镇土地使用税适用定额税率，即采用有幅度的差别税额。按大、中、小城市和县城、建制镇、工矿区，分别根据每平方米城镇土地使用税年应纳税额。城镇土地使用税按年征收，分期交纳。

其具体税额标准如下：

1. 大城市 1.5 ～ 30 元 / 平方米；
2. 中等城市 1.2 ～ 24 元 / 平方米；
3. 小城市 0.9 ～ 18 元 / 平方米；
4. 县城、建制镇、工矿区 0.6 ～ 12 元 / 平方米。

应纳税额的计算公式为：

应纳税额＝实际占用的土地面积 × 适用税额

其实际占用的土地面积，由省、自治区、直辖市人民政府确定的单位组织测定。如果未组织测量，按照纳税人以持有政府部门核发的土地使用证书确认的面积为准。如果未核发土地使用证书，则以纳税人据实申报土地面积为准。

某建筑公司建造自用房产，其原价值为 6 000 万元，允许减除 20% 计税，房产税年税率为 1.2%。该自用房产实际占用的土地面积为 1 500 平方米，每平方米年税额为 6 元。税务部门规定对房产税和城镇土地使用税在季末后 10 日内交纳，1 月 31 日计算本月份应交纳各项税金。

那么，该建筑公司应缴纳房产税、城镇土地使用税为：

月应纳房产税额＝6000×（1－20%）×12%÷12＝48（万元）。

月应纳城镇土地使用税额＝1500×6÷12＝750（元）。

城镇的土地使用者应当缴纳城镇土地使用税，其具体纳税义务发生时间如下：

1. 购置新建商品房，自房屋交付使用之次月起计征房产税和城镇土地使用税。

2. 购置存量房，自办理房屋权属转移、变更登记手续，房地产权属登记机关签发房屋权属证书之次月起计征房产税和城镇土地使用税。

3. 出租、出借房产，自交付出租、出借房产之次月起计征房产税和城镇土地使用税。

4. 以出让或转让方式有偿取得土地使用权的，应由受让方从合同约定交付土地时间的次月起缴纳城镇土地使用税。如果合同未约定交付土地时间，则由受让方从合同签订的次月起缴纳城镇土地使用税。

需要注意的是，征用的耕地，自批准征用之日起满 1 年时开始缴纳土地使用税。如果征用的是非耕地，则自批准征用次月起缴纳土地使用税。如果企业通过招标、拍卖、挂牌方式取得的建设用地，则不属于新征用的耕地。根据财政部、国家税务总局相关规定，应当从合同约定交付土地时间的次月起缴纳城镇土地使用税。如果合同未约定交付土地时间，则从合同签订的次月起纳税。

一些单位属于免税单位，比如政府机关、军队、司法机关、社会团体，以及社会福利事业单位、公共事业单位、非营利单位等，其无偿使用纳税单位的土地，准予免征土地使用税。但是，纳税单位使用免税单位的土地，则需要按规定缴纳土地使用税。

与房产税征缴一样，在城镇土地使用税征税范围内单独建造的地下建筑用地，也需要按规定缴纳城镇土地使用税。取得地下土地使用权证的，按土地使用权证确认的土地面积计税；未取得地下土地使用权证的，或者地下土地使用权证上未标明土地面积的，按照地下建筑垂直投影面积计税。其税率为地下建筑用地应征税款的 50%。

第 4 节 印花税

根据《中华人民共和国印花税暂行条例》规定，在我国书立、领受《印花税暂行条例》所列举凭证的单位和个人，应当按照其规定缴纳印花税。

表 7-1 印花税税目与税率表

税目	范围	税率	纳税人
购销合同	供应、预购、采购、购销、结合及协作、调剂等合同	按购销金额 0.3‰ 贴花	立合同人
加工承揽合同	加工、定作、修缮、修理、印刷、广告、测绘、测试等合同	按加工或承揽收入 0.5‰ 贴花	立合同人
建设工程勘察设计合同	勘察、设计合同	按收取费用 0.5‰ 贴花	立合同人
建筑安装工程承包合同	建筑、安装工程承包合同	按承包金额 0.3‰ 贴花	立合同人
财产租赁合同	租赁房屋、船舶、飞机、机动车辆、机械、器具、设备等合同	按租赁金额 1‰ 贴花 税额不足 1 元，按 1 元贴花	立合同人
货物运输合同	民用航空运输、铁路运输、海上运输、联运合同	按运输费用 0.5‰ 贴花	立合同人
仓储保管合同	仓储、保管合同	按仓储保管费用 1‰ 贴花	立合同人
借款合同	银行及其他金融组织和借款人	按借款金额 0.05‰ 贴花	立合同人

续　表

税目	范围	税率	纳税人
财产保险合同	财产、责任、保证、信用等保险合同	按保险费收入 1‰ 贴花	立合同人
技术合同	技术开发、转让、咨询、服务等合同	按所载金额 0.3‰ 贴花	立合同人
产权转移书据	财产所有权、版权、商标专用权、专利权、专有技术使用权、土地使用权出让合同、商品房销售合同等	按所载金额 0.5‰ 贴花	立据人
营业账簿	生产、经营用账册	记载资金的，账簿按实收资本和资本公积的合计金额 0.5‰ 贴花；其他账簿按件计税，5 元 / 件	立账簿人
权利、许可证照	房屋产权证、工商营业执照、商标注册证、专利证、土地使用证等	按件贴花，5 元 / 件	领受人

之前我们已经介绍印花税税率等问题，现在着重介绍应纳税凭证以及特殊情况下建筑企业如何缴纳印花税等相关问题。

印花税税率可以分为比例税率和定额税率。如果同一凭证，载有两个或者两个以上经济事项而适用不同税目税率，应当分别核算金额，计算应纳税额，相加后按合计税额贴花。如果没有进行分别核算，那么从高计税。

就是说，纳税人应该根据应纳税凭证的性质，分别按比例税率或按件定额计算应纳税额。应纳税额不足一角的，免征印花税；超过一角的，税额尾数不满五分的，不计；满 5 分的，按照一角计算缴纳。

根据《印花税暂行条例》规定，以下凭证为应纳税凭证：

1. 购销、加工承揽、建设工程承包、财产租赁、货物运输、仓储保管、借款、财产保险、技术合同或者具有合同性质的凭证，具有合同性质的凭证是指具有合同效力的协议、契约、合约、单据、确认书及其他各种名称的凭证；

2. 产权转移书据；

3. 营业账簿；

4. 权利、许可证照；

5. 以及财政部确定征税的其他凭证。

需要注意的是，建筑企业已经签订的合同，即便暂不履行，也需要在签订时贴花；以电子形式签订的各类应税凭证也应当按照规定缴纳印花税。建筑企业应当定期归集、计算、申报和缴纳印花税，可以按月，也可以按季度，以免造成延迟申报或漏缴的情形。企业还应当在每年年末对印花税缴纳情况进行自查和分析，防范漏缴、多缴的风险。

因为多贴印花税的，是不能申请退税或者抵用的，所以为避免多缴印花税，企业需要明确哪些凭证不征税。根据《印花税暂行条例》规定，以下凭证是不需要贴花的：

1. 根据国家税务局规定，一些技术类合同不贴花，包括一般的法律、法规、会计、审计等方面的咨询合同；各种职业培训、文化学习、职工业余教育等订立的合同。

2. 增值税是价外税，不应作为印花税的计税依据。企业可以改变价税合计的合同约定方式，在购销合同中分别列示货物销售价款和增值税税额，那么增值税税额便可以扣除。

当然，当合同变更过程中，价款金额增加时，企业需要就增加部分补贴印花。即便已经缴纳印花税，也需要按照增加金额补缴印花税。但是，当实际结算金额与合同所载金额有差异时，如果合同已经履行并贴花，那么就不再需要补贴印花了。

某建筑企业与B公司签订一份加工承揽合同，约定不含增值税价款为1 000万元，单独列示增值税税额。如果在合同履行过程中，因工程调整的原因又签订补充协议，增加不含增值税价款200万元，单独列示增值税税额。那么，这种情况属于修改合同增加金额，该建筑企业需要按照增加金额补缴印花税。

但是如果在合同履行过程中，因工程调整的原因导致实际结算金额增加，最终实际不含增值税结算金额为 1 200 万元，那么该企业便不需要补缴印花税。

同时，在商品购销活动中，建筑企业采用以货换货方式进行商品交易，并签订经济合同。那么，企业需要按照合同所载的购、销合计金额缴纳印花税。如果合同中并未载明金额，则根据货物的数量按照国家牌价或市场价格核算应纳税金额，然后缴纳印花税。

在借贷业务中，如果先签订借款合同，在合同规定借款额度内办理借款借据时，只需要对借款合同贴花。如果先办理借款借据，那么应当以借据作为印花税的应纳税凭证，并在书立时即时贴花。

第 5 节 契税

契税是指土地、房屋等不动产的产权发生转移变动时，就当事人所订契约向产权承受人征收的一次性税收。

根据《中华人民共和国契税法》规定，其征税对象是境内转移的土地、房屋权属。其计税依据为：国有土地使用权出让、土地使用权出售、房屋买卖，为成交价格；土地使用权赠与、房屋赠与，由征收机关参照土地使用权出售、房屋买卖的市场价格核定；土地使用权交换、房屋交换，为所交换的土地使用权、房屋的价格的差额。

如果成交价格明显低于市场价格，且无正当理由，由征收机关参照市场价格核定其价格；如果所交换土地使用权、房屋的价格的差额明显不合理，且无正当理由，同样由征收机关参照市场价格进行核定。

契税采用比例税率，税率为 3% ～ 5%。

其应纳税额的计算公式为：

应纳税额＝计税依据 × 税率

其中，计征契税的成交价格、房产税的租金收入、以及土地增值税纳税人转让房地产取得的收入，都不含增值税。免征增值税的，确定计税依据时，成交价格、租金收入、转让房地产取得的收入不扣减增值税额。

某建筑企业为一般纳税人，销售其自建房屋，含税价为 325 万元，适用一般计税方法。2021 年 9 月，该企业向纳税人 A 开具一张增值税发票，注明增值税额为 10 万元、不含税价格为 100 万元；2022 年 6 月，该企业再次向纳税人A开具一张增值税发票，注明增值税额为15万元、不含税价格为200万元。那么，该纳税人A申报契税的计税依据是300万元，若适用税率为5%，应纳契税额为：

应纳契税额＝300×5%＝15（万元）。

为减轻纳税人负担，根据税法相关规定，一些单位可享受免征契税的税收优惠政策。具体优惠政策如下：

1. 国家机关、事业单位、社会团体、军事单位承受土地、房屋，用以办公、教学、医疗、科研和军事设施的，免征契税；

2. 城镇职工按规定第一次购买公有住房，免征契税；

3. 因不可抗力灭失住房而重新购买住房的，酌情减免，不可抗力是指自然灾害、战争等不能预见、不可避免，并不能克服的客观情况；

4. 土地、房屋被县级以上人民政府征用、占用后，重新承受土地、房屋权属的，由省级人民政府确定是否减免；

5. 承受荒山、荒沟、荒丘、荒滩土地使用权，用以农、林、牧、渔业生产的，免征契税；

6. 经外交部确认，依照中国有关法律规定以及协定，对外国驻华使馆、领事馆、联合国驻华机构及其外交代表、领事官员和其他外交人员承受土地、房屋权属，免征契税；

7. 公司股权（股份）转让中，单位、个人承受公司股权（股份），其公司土地、房屋权属不发生转移，免征契税。

除此之外，关于契税征收还有一些特殊规定：

1. 土地使用者转让、抵押或置换土地，不管是否取得土地使用权证，是否办理土地使用权属证书变更登记手续，只要享有占有、使用、收益或处分该土地的权利，且有合同等证据表明其实质转让、抵押或置换了土地，并取得相应的经济利益，便应当按照规定缴纳契税。

2. 如果土地使用者先以划拨方式取得土地使用权，后经批准改为出让方式取得土地使用权，也应该按照应补缴的土地出让金和其他出让费用来缴纳契税。

3. 承受与房屋有关的附属设施所有权或土地使用权的，包括停车位、汽车库、顶层阁楼以及储藏室，应当按照规定缴纳契税；但是，如果不涉及土地使用权和房屋所有权转移变动，不需要缴纳契税。

4. 采取分期付款方式购买房屋附属设施土地使用权、房屋所有权的，应当按照合同规定总价款缴纳契税。

对于房屋附属设施，可以单独计价，分别按照其适用税率缴纳契税。因为如果当地附属设施适用的契税税率高于房屋的税率，那么单独计价可以起到节税的目的。

第 6 节　环境保护税

根据《中华人民共和国环境保护税法》规定，在中华人民共和国领域和中华人民共和国管辖的其他海域，直接向环境排放污染物的企业事业单位和其他生产经营者应依法缴纳环境保护税。

建筑企业在工程施工中，如果向环境直接排放了应税污染物，需要按照规定缴纳相应的环境保护税。应税污染物，是指《环境保护税税目税额表》《应税污染物和当量值表》中规定的大气污染物、水污染物、固体废物和噪声。比如，施工工程中，排放污水的、发生扬尘（一般性粉尘）的需要缴纳环保税。

其应纳税额按照下列方法计算；

1. 应税大气污染物的应纳税额为污染当量数乘以具体适用税额。每污染当量，税额为 1.2 元～ 12 元。

2. 应税水污染物的应纳税额为污染当量数乘以具体适用税额。每污染当量，税额为 1.4 元～ 14 元。

3. 应税固体废物的应纳税额为固体废物排放量乘以具体适用税额。

比如，煤矸石每吨税额为5元；尾矿每吨税额为15元；冶炼渣、粉煤灰、炉渣、其他固体废物每吨税额为 25元。

4. 应税噪声的应纳税额为超过国家规定标准的分贝数对应的具体适用税额应税污染物的计税依据。超标 1～ 3分贝，每月 350元；超标 4～ 6分别，每月 700元；超标 7～ 9分贝，每月 1400元……

环境保护税的纳税义务发生时间为纳税人排放应税污染物的当日。建筑企业应在项目所在地向税务机关申报缴纳环境保护税。环境保护税按月计算，按季申报缴纳，不能按固定期限计算缴纳的，可以按次申报缴纳。

按季申报缴纳的，应自季度终了之日起 15 日内，向税务机关办特税申报并缴纳税款；按次申报缴纳的，应自纳税义务发生之日起 15 日内，向税务机关办理纳税申报并缴纳税款。

进行申报缴纳时，纳税人应当报送所排放应税污染物的种类、数量，大气污染物、水污染物的浓度值，以及税务机关根据实际需要所要求报送的其他资料。

环境保护税的税额计算看似比较复杂，但是我们只要关注四个指标、三个公式就可以轻松解决。四个指标包括污染物排放量、污染当量值、污染当量数和税额标准。关于污染物排放量，《环境保护税法》已经明确规定其计算方法：对安装使用符合国家规定和监测规范的污染物自动监测设备的，按自动监测数据计算；未安装自动监测设备的，按监测机构出具的符合国家有关规定和监测规范的监测数据计算；不具备监测条件的，按照国务院生态环境主管部门公布的排污系数或者物料衡算方法计算；不能按照以上方法计算的，按照省、自治区、直辖市生态环境主管部门公布的抽样测算方法计算。

污染当量值，就是相当于 1 个污染当量的污染物排放量，用于衡量大气污染物和水污染物对环境造成的危害和处理费用。

污染当量数，就是该污染物的排放量除以该污染物的污染当量的数值。

税额标准，就是《环境保护税税目税额表》中规定的应税大气污染物和水污染物的税额标准。

而三个公式是指根据排放的应税污染物类别不同所制定的税额计算公式。具体为：

应税大气污染物和水污染物的应纳税额＝污染当量数 × 具体适用税额

应税固体废物的应纳税额＝固体废物的排放量 × 具体适用税额

应税噪声的应纳税额 ＝ 分贝数超标所对应的适用税额

需要注意的是，施工工地必须采取道路硬化、边界围挡、裸露地面（含土方）覆盖、易扬尘物料覆盖、持续洒水降尘、运输车辆冲洗装置等措施，并控制其措施是否达标。如果达标了，可以扣除削减量。

另外，由于施工扬尘环境保护税的纳税地点为项目所在地，所以应税污染物排放量和适用税额都应该按照工程项目所在地的相关政策文件规定，不能按照建筑企业所在地相关政策文件规定。

比如，北京某建筑企业承建的某一项目，其施工地在昆明，应税污染物排放量和适用税额都应该按照云南省的相关政策文件规定。根据云南省税务局、环境保护厅关于环境保护税核定征收规定：

大气污染物应纳税额＝大气污染当量数 × 单位税额

大气污染当量数＝排放量＋污染当量值

排放量＝（扬尘产生系数—扬尘削减系数）× 月建筑面积或施工面积

所以，该项目适用的大气污染物环境保护税的税额为每污染当量 2.8 元。

另外，环境保护税没有差额计税的概念。如果施工方为环境保护税的纳税人，那么总承包方和分包方都有可能是环境保护税的纳税人。计算应税污染物排放量时，需要根据施工的实际情况分别确认总承包方和分包方建筑面积或施工面积，以避免重复缴税。

第 7 节　土地增值税

土地增值税是对有偿转让国有土地使用权及地上建筑物和其他附着物产权，并取得增值性收入的单位和个人所征收的税种。

土地增值税按照转让房地产所取得的增值额和规定税率计算征收。增值额等于转让房地产取得的收入减除规定的扣除项目金额后的余额。主要扣除项目包括：

1. 取得土地使用权所支付的金额；
2. 开发土地的成本、费用；
3. 新建房及配套设施的成本、费用，或者旧房及建筑物的评估价格；
4. 与转让房地产有关的税金；
5. 财政部规定的其他扣除项目。

土地增值税的计算公式为：

应纳土地增值税＝增值额 × 税率

土地增值税实行四级超率累进税率：按照土地增值税税率表，增值额未超过扣除项目金额 50% 的部分，税率为 30%；增值额超过扣除项目金额 50%、未超过扣除项目金额 100% 的部分，土地增值税税率为 40%；增值额超过扣除项目金额 100%、未超过扣除项目金额 200% 的部分，土地增值税税率为 50%；增值额超过扣除项目金额 200% 的部分，税率为 60%。

根据相关税法规定，纳税人在项目全部竣工结算前转让房地产取得收入的，依法预征土地增值税。就是说，房地产企业预售房地产取得收入，当地税务机关规定预征土地增值税的，应当到主管税务机关申报，并按照规定比例预缴税款。等到办理决算后，再进行多退少补。而规定不预征土地增值税的，则应当在取得收入时到当地税务机关进行登记或备案。

一、土地增值税预征

根据国家税务总局相关规定，房地产开发企业采取预收款方式销售自行开发的房地产项目的，应当按照规定预缴土地增值税。其计征依据是预收款减去应预缴增值税税款。用公式表示为：

计征依据＝预收款—应预缴增值税税款

对于简易计税项目来说，

应预缴增值税税款＝预收款 ÷（1 + 5%）× 3%

所以，

计征依据＝预收款 ÷（1 + 5%）× 1.02

对于一般计税项目来说，

应预缴增值税税款＝预收款 ÷（1 + 9%）× 3%

所以，

计征依据＝预收款 ÷（1 + 9%）× 1.06。

预收款包括定金、分期取得的预收款（含首付款、按揭款和尾款）和全款。而诚意金、购房者取消合同的违约金、转名手续费，都不属于预收款。

同时，预收款是含增值税预收款，与增值税预缴不同。

某房地产企业销售某一项目取得普通住宅预收款 10 900万元，适用增值税一般计税方法，土地增值税预征率为 2%。那么，预缴增值税＝ 10900÷（1＋ 9%）×3%＝ 300（万元）；预缴土地增值税＝（10900－ 300）×2%＝ 212（万元）。

土地增值税预缴的申报期限应是转让房地产合同签订后的七日内。纳税人需要到所在地主管税务机关办理纳税申报，并向税务机关提交房屋及建筑物产权、土地使用权证书，土地转让、房产买卖合同，房地产评估报告及其他与转让房地产有关资料。如果纳税人时常发生房地产转让，经税务机关市核同意后，可以定期（按月申报或按季申报）进行申报。

关于预征率，国税局规定各地可以对其进行调整。一般来说，除保障性住房外，东部地区省份预征率不得低于 2%，中部和东北地区省份不得低于 1.5%，西部地区省份不得低于 1%。同时，不同类型房地产，其适用预征率也是不同的。比如，昆明市的预征率：普通住宅为 1%，非普通住宅为 2%，写字楼、营业用房、车库等商品房为 3%。

二、土地增值税清算

一般来说，土地增值税进入清算程序，便不须预征了。

土地增值税清算，是指纳税人在符合土地增值税清算条件后，依照税收法律、法规及土地增值税有关政策规定，结清该项目应缴纳的土地增值税税款的行为。清算时，纳税人需要填写“土地增值税清算申报表”，向主管税务机关提供有关资料，办理土地增值税清算手续。

根据规定，土地增值税以国家有关部门审批的房地产开发项目为清算单位。分期开发的项目，以分期项目为单位清算。由于各地对清算单位的确定标准不一致，纳税人需要参考当地对土地增值税清算单位的具体规定进行操作，以避免漏缴或多缴应缴纳税款的现象。

需要注意的是，营改增后，转让房地产的土地增值税的应税收入是不含增值税的。采用一般计税方法的，其应税收入不含增值税销项税额；采用简易计税方法的，其应税收入不含增值税应纳税额。

某房地产开发企业对其开发项目进行土地增值税清算，该项目取得的收入总额为 10 000 万元，土地价款为 4 000 万元，适用 9% 税率。那么，采用一般计税方法时：

销项税额＝（10000 － 4000）÷（1 ＋ 9%）× 9% ＝ 495.41（万元）。

土地增值税应税收入＝ 10000 － 495.41 ＝ 9504.59（万元）。

如果该项目适用简易计税方式，那么土地增值税应税收入＝ 10000 ÷（1 ＋ 5%）＝ 9523.81（万元）。

另外，土地增值税清算扣除项目包括以下几方面：

1. 取得土地使用权所支付的金额。包括为取得土地使用权所支付的地价款和按国家统一规定交纳的有关费用。

2. 房地产开发成本。包括土地征用及拆迁补偿费、前期工程费、建筑安装工程费、基础设施费、公共配套设施费、开发间接费用。

3. 房地产开发费用。

4. 与转让房地产有关的税金以及财政部规定的其他扣除项目。

第八章

建筑业税务疑难问题处理

第 1 节　发票管理与发票违法事项

发票是建筑企业在购买或销售商品，提供或者接受服务以及从事相关经营活动中所开具或收取的收付凭证。它是会计核算的原始凭证，也是申报和缴纳税收，确保财税活动合法性、公正性的重要凭证。

对于建筑企业来说，发票管理是至关重要的。

一、发票的开具

建筑企业向财务资金部申请开具增值税发票时，应确保经济业务的真实性。建筑企业项目相关负责人、相关单位及高级管理者不得虚开、代开增值税发票。

开具发票时，应当避免以下行为：

1. 为他人、自己或介绍他人开具与实际经营业务不相符的发票；

2. 让他人为自己开具与实际经营业务不相符的发票；

3. 转借、转让、代开发票。

开具发票时的具体要求：

1. 开具增值税发票的购买方应当与购买货物和接受服务方、项目立项书、招标方、合同方保持一致性。如果购买方变更名称，需要提供更名的工商资料；如果购买方更改为第三方单位，需要提供项目变更政府部门备案资料，另按流程签署补充协议，且确定是否符合建筑法相关规定。

2. 开具发票时，必须做到按照号码顺序填开，填写项目齐全、内容真实、字迹清楚，全部联次一次打印，内容完全一致，并在发票联和抵扣联加盖发票专用章。

3. 开具发票应当使用汉字，民族自治地方可以同时使用当地通用的一种民族文字。

4. 一般纳税人销售货物、提供加工修理修配劳务和发生应税行为，可以汇总开具增值税专用发票。

5. 对免征增值税项目开具增值税普通发票时，应当在税率栏次填写“免税”字样，不得只填写“0”。

二、发票作废的规定

开具增值税专用发票当月，发生销货退回、开具增值税发票有误等情形，收到退回的发票联、抵扣联符合作废条件的，应当按照作废处理。开具时发现有误的，可以即时作废。

作废增值税专用发票须在增值税发票开票系统中按“作废”处理，在纸质增值税专用发票（含未打印的增值税专用发票）各联次上注明“作废”字样，全联次留存。作废发票不能再恢复。

建筑企业不能违规作废发票。建筑企业一旦违规作废发票将面临补缴税款、加收滞纳金和罚款处理，严重的可能涉嫌违法犯罪。

需要注意的是，纳税人开具增值税专用发票后，如果发生销货退回、开具增值税发票有误、应税服务中止等情形，但是不符合发票作废条件时，或者因销货部分退回及发生销售折让时，需要开具红字增值税专用发票。

开具红字发票时，应当收回原发票并注明“作废”字样或取得对方有效证明。需要开具红字发票时，可以在所对应的蓝字发票金额范围内开具多份红字发票。

提供建筑服务开具增值税专业发票后，发生开具增值税发票有误、项目中止等结算金额小于开具增值税发票金额时，不允许甲方向建筑企业开具发票，而是建筑企业向甲方开具红字发票。

三、发票报销

建筑企业相关部门在购买商品、接受服务以及从事其他经营活动对外付款时，必须取得合规发票类型或其他税前扣除凭证，否则一律拒付款项。

收取增值税专用发票前，直接相关人员应仔细审核发票开具内容是否正确、开具项目是否与具体经济业务相符、开具金额是否正确等。经审核不合规的发票应当作废，然后重新开具合规发票。

以下发票都为不合规发票：加盖财务专用章或单位公章发票；发票抬头开错，或者修改发票抬头，再在修改处加盖发票专用章；开户银行或账号错误、纳税人识别号错误；适用税率或征收率错误等，需要要求销售方重新开具合规发票。

四、发票丢失

丢失增值税专用发票的发票联和抵扣联，应当凭加盖销售方发票专用章的相应发票记账联复印件，作为增值税进项税额的抵扣凭证、退税凭证或记账凭证。

丢失增值税专用发票的抵扣联，应当凭相应发票的发票联复印件，作为增值税进项税额的抵扣凭证或退税凭证；丢失增值税专用发票的发票联，则凭相应发票的抵扣联复印件作为记账凭证。

丢失增值税普通发票的原始凭证，应当取得原开出单位盖有公章的证明，并注明原来凭证的号码、金额和内容等，由经办单位会计机构负责人、会计主管人员和单位领导人批准后，才能代作原始凭证。

五、发票违法事项

虚开、代开增值税专业发票或者虚开用于骗取出口退税、抵扣税款其他发票的，都属于发票违法行为。除此之外，未按照规定领购发票，如向他人提供发票或者借用他人发票、盗取发票等行为，未按照规定保管发票，如丢失发票、撕毁发票等的行为都属于发票违法行为。

出现发票违法行为，建筑企业可能受到行政处罚，严重可能需要承担刑事责任。比如，根据《中华人民共和国发票管理办法》第三十七条规定，违反《中华人民共和国发票管理办法》第二十二条第二款规定虚开发票的，由税务机关没收违法所得；虚开金额在 1万元以下的，可以并处 5万元以下的罚款；虚开金额超过 1万元的，并处 5万元以上 50万元以下的罚款；构成犯罪的，依法追究刑事责任。非法代开发票的，依照前款规定处罚。

《中华人民共和国刑法》第二百零五条规定，虚开增值税专用发票或者虚开用于骗取出口退税、抵扣税款的其他发票的，处三年以下有期徒刑或者拘役，并处二万元以上二十万元以下罚金；虚开的税款数额较大或者有其他严重情节的，处三年以上十年以下有期徒刑，并处五万元以上五十万元以下罚金……

第2节 EPC项目的涉税管理

EPC(Engineer Procure Construct)为英文单词简写，即设计、采购、施工。EPC项目是指工程总承包企业按照合同约定，承担工程项目的设计、采购、施工、试运行服务等工作，并且对承包工程的质量、安全、工期、造价全面负责的项目。

EPC总承包模式是当前国际工程承包中最为普遍的承包模式，也是我国建筑市场被积极倡导和推广的承包模式。在这一模式中，设计与采购、施工、试运行等业务相辅相成，协同作战，促使了设计与施工的有机结合。

一、EPC总承包模式的优势

EPC总承包模式有以下几点优势：

1. 充分发挥设计在整个工程建设过程中的主导作用，有利于工程项目整体方案的不断优化；

2. 有效克服设计、采购、施工等业务相互制约、相互脱节的不足，能有效提高项目的进度、成本控制和质量控制；

3. 明确建设工程质量责任主体，有利于提高工程质量，避免施工责任不清导致的风险。

二、EPC工程总承包的税务处理

EPC工程总承包税务问题与施工总承包的税务问题的不同之处在于增值税的处理上。其增值税处理主要有两种口径，一是按混合销售行为缴纳增值税，二是按兼营行为缴纳增值税。

1. 混合销售行为。

根据《营业税改征增值税试点实施办法》第四十条规定，一项销售行为如果既涉及服务又涉及货物的，便是混合销售。从事货物的生产、批发或者零售的单位和个体工商户的混合销售行为，按照销售货物缴纳增值税；其他单位和个体工商户的混合销售行为，按照销售服务缴纳增值税。

按照混合销售来处理，应当按照主业的税率缴纳增值税。在实务中，EPC 工程总承包业务一般按照建筑服务确认销项税额。不过，也有一些设计公司主导的 EPC 工程总承包业务按照设计服务确认销售税额，即按照 6% 的税率给发包方开票。但是这种操作方式存在着一定税务风险，因为在 EPC 工程总承包业务中，设计所占比重很小，一旦按照设计服务 6% 的税率确认销项税额，按照建筑服务 9% 和货物 13% 的税率确认进项税额，那么需要缴纳的增值税将大幅度降低，甚至可能几乎为零。这非常容易被税务机关认定为偷税漏税，面临补税和缴纳滞纳金的风险。

2. 兼营行为。

如果按照兼营行为来处理，EPC 工程承包业务中的设计、采购和施工三个环节便会分别核算，分别按照各自的税率缴纳增值税，这样一来就可以避免以上税务风险的发生。

除了确认销项税额环节之外，计税方式的确认、发票开具、纳税义务发生时间、进项税额抵扣等环节，EPC 工程总承包业务的增值税处理与施工总承包业务都是相同的。

因此，对于 EPC 工程总承包业务的涉税管理需要关注以下要点：

1. 合理确定不同税率业务的价款。

因为 EPC 项目所包含的设计、采购、施工业务分别适用不同的税率，所以总承包方应当利用税率差异进行合理税收筹划。即在确定各类业务价款时，将设计、采购、施工三部分业务合理划分，增大低税率业务（如设计）的价款，减少高税率业务的价款。

但是，建筑企业需要合法合理地划分各项价款，不能虚开发票，不能在采购部分出现亏损或利润率极低的情况，否则便导致较大的税务风险。

2. 避免重复缴纳印花税。

根据《印花税暂行条例施行细则》规定，同一凭证，因载有两个或者两个以上经济事项而适用不同税目税率。分别记载金额的，应分别计算应纳税额，相加后按合计税额贴花；未分别记载金额的，按税率高的计税贴花。

如果EPC合同中分别核算设计、设备采购、施工价款，便分别按照设计、设备采购和施工计算缴纳印花税，其税率分别为0.5‰、0.3‰、0.3‰。但是，如果EPC总承包方与业主签订EPC合同，合同中未分别列示设计、设备采购、施工价款，就需要从高适用税率（税率为0.5‰）缴纳印花税。

3. 选择适合的管理费的税目税率。

在EPC合同中，除了设计、设备及施工三部分外，通常还会约定一定比例的项目管理费。

如果EPC总承包方与业主签订EPC合同，那么项目管理服务费作为单独的服务项目，按“现代服务”适用6%税率。如果由设计、施工或设备单位组成联合体与业主签订EPC合同，那么项目管理服务作为价外费用，根据提供服务内容的具体情况来确认税目税率。因此，建筑企业应当明确其服务内容的税目税率，选择合适的合作方式。

第3节　PPP 项目的涉税问题

PPP(Public Private Partnership)就是由政府方建设并运营的项目，引入社会资本来投资建设运营，并给予社会资本方一定的社会回报。在这种模式下，政府通常会鼓励私营企业、民营资本积极参与合作，加入到公共基础设施的建设之中。一般来说，项目由政府投资，社会资本方则承包整个项目的一项或几项。

PPP 项目工程有以下几个特点：

1. 它是一种以项目为主体的融资活动，主要根据是项目的预期收益、资产和政府的支持。偿还贷款的资金来源是项目运营的直接收益和政府支持转化的效益。

2. 在一定程度上，它保障了民间资本的盈利目的。在这种模式下，政府可以给予合作企业相应的补偿，比如税收优惠政策、贷款担保、优先开发沿线土地等。

3. 它降低了政府前期建设投资负担和风险，同时利用互利共赢的方式让企业积极参与公共设施建设；从某种意义上来说，企业承担了政府转移的部分项目风险，但同时也增加了资本项目的数量，降低了资产负债率。

对于 PPP 项目来说，其税务问题主要包括以下几方面：

1. 组建项目公司的税务问题。

组建项目公司时，建筑企业一般应当登记为一般纳税人，公司组建后应按照实收资本（股本）、资本公积合计金额缴纳印花税，适用税率为0.25‰。增值税一般纳税人，应按照销项税额减去进项税额计算增值税额。

如果企业投资者在规定期限内未缴足其应缴资本额，该企业对外借款所发生的利息不属于企业合理的支出，不得在计算应纳税所得额时扣除。

2. 征地拆迁的税务问题。

施工环节中，如果征地拆迁无法取得增值税专用发票，则不能作为进项税额扣除。所以，征地拆迁支出应该按照代收转付进行处理，而不是计入施工成本。

如果合同约定征地拆迁支出计入施工成本，那么在企业所得税的处理上，要留存好拆迁协议、拆迁双方支付和取得拆迁补偿费用凭证等资料。如果合同约定按照代收转付款项处理，则在所得税上不作处理。

3. 占用耕地的税务问题。

根据《中华人民共和国耕地占用税法》规定，在中华人民共和国境内占用耕地建设建筑物、构筑物或者从事非农业建设的单位和个人，为耕地占用税的纳税人。占用耕地建设农田水利设施的，不缴纳耕地占用税。

在 PPP 项目中，如果企业占用耕地，应当按照法律规定一次性缴纳耕地占用税。其计税依据为纳税人实际占用的耕地面积，应纳税额等于实际占用的耕地面积（平方米）乘以适用税额。

用公式表示为：

应纳税额＝实际占用的耕地面积 × 适用税率

耕地占用税的纳税义务发生时间为纳税人收到自然资源主管部门办理占用耕地手续的书面通知的当日。申报期限为自纳税义务发生之日起 30 日内。

同时，根据《城镇土地使用税暂行条例》规定，企业在城市、县城、建制镇、工矿区范围内使用土地的，应按照实际占用的土地面积和规定的税率依法缴纳土地使用税。

4. PPP 项目运营阶段的税务问题。

PPP 项目运营阶段的税务问题，主要包括增值税和企业所得税。

PPP 项目盈利模式一般分为政府付费、使用者付费和可行性缺口补助三种。以政府付费模式为例，增值税处理主要有四种口径，即贷款服务口径、企业管理服务口径、建筑服务口径、“建筑服务＋贷款服务”口径。

其中，贷款服务口径中，可用性付费中相当于社会资本垫资的本金部分不征税，投资回报部分按贷款服务6%税率计算销项税，投资成本的进项税额不允许抵扣。

企业管理服务口径中，可用性付费全额按6%税率，按照企业管理服务计算销项税，投资成本的进项税额允许抵扣。

建筑服务口径中，可用性付费全额按9%税率，按照建筑服务计算销项税额，投资成本的进项税额允许抵扣。不过，征地拆迁等不得抵扣进项税，设计、监理、审计等只能按照6%税率抵扣，导致增值税税负高。

“建筑服务＋贷款服务”口径中，项目投资成本按9%税率，按照建筑服务计算销项税；投资回报部分按6%税率，按照贷款服务或企业管理服务计算销项税，投资成本的进项税额允许抵扣。

而关于企业所得税的处理，如果企业参与公共基础设施项目，其投资经营的所得自该项目取得第一笔生产经营收入所属纳税年度起，第一年至第三年免征企业所得税，第四年至第六年减半征收企业所得税。

如果企业既参与公共基础设施项目又从事其他项目，应当将其与享受优惠的公共基础设施项目所得分开核算，并合理分摊期间费用。如果不进行分别核算，便不能享受以上优惠政策。如果企业承包经营、承包建设和内部自建自用公共基础设施项目，也不能享受上述优惠政策。

如果企业参与西部大开发中鼓励类产业，可以享受减按15%的税率缴纳企业所得税的优惠。企业购置并实际使用符合相关规定的环保、节能节水、安全生产等专用设备的，该专用设备的投资额的10%可以从当年的应纳税额中抵免；当年不足抵免的，可以在以后5个纳税年内结转抵免。

最后，PPP项目运营结束后，合同约定无偿移交给政府的，是不需要缴纳增值税的。

第 4 节　挂靠工程存在的风险

什么是挂靠？

挂靠的全称为企业挂靠经营。从建筑业的角度来说，是指施工企业允许他人在一定期间内使用自己的名义对外承接工程的行为。允许他人使用自己名义的企业为被挂靠企业，以被挂靠企业名义从事经营活动的企业或个人为挂靠人。

换句话就是，挂靠方以被挂靠方的名义中标并签订合同、提供建筑服务、开具发票和结算资金，最后以挂靠方名义进行会计和税务处理。这样一来，挂靠方的利润则体现在被挂靠方的账面和财务报表上。从法律上来说，这是属于被挂靠方的利润。

挂靠人提供了建筑服务、支付了成本费用却得不到利润时，当然会想办法将利润拿回来。这时，被挂靠方虽然同意其拿回利润，却会不断强化风险管控，避免自身引发较大的税务风险。

需要注意的是，现实中之所以会出现挂靠工程，是因为一些被挂靠的施工企业具有符合建设项目要求的资质等级证书，但是缺乏承揽该工程项目的能力，或者具有施工能力但是由于人力资源所限很难中标。其目的就是与有实力且有资源的挂靠人合作，获得经济效益的共赢。

实际上，相关法律对于挂靠行为有禁止性规定。《中华人民共和国建筑法》第二十六条明确规定，禁止建筑企业超越本企业资质等级许可的业务范围或者以任何形式用其他建筑企业的名义承揽工程。禁止建筑企业以任何形式允许其他单位或者个人使用本企业的资质证书、营业执照，以本企业的名义承揽工程。

同时，在各地法院在审理涉及挂靠纠纷时，对于挂靠人与被挂靠企业签订的《合作协议》《分包协议》或《内部承包协议》也是认定无效的。《最高人民法院关于审理建设工程施工合同纠纷案件适用法律问题的解释》也有相关规定，承包人非法转包、违法分包建设工程或者没有资质的实际施工人借用有资质的建筑公司名义与他人签订建设工程施工合同的行为无效。

此外，建筑企业作为被挂靠企业还需要承担以下法律风险：

1. 对建设工程的安全质量承担连带赔偿责任。

如果建设工程不符合质量标准造成损失，那么作为以自己名义承接工程的被挂靠企业来说，需要与挂靠人承担连带赔偿责任。如果在施工过程中，因意外导致工人生命、身体、财产损失的，被挂靠企业也需要承担连带赔偿责任。

2. 对建设工程的对外债务承担法律责任。

作为法律上的承包主体，被挂靠企业是该建设工程所有债权的享有者和债务的承担者。对外签订采购合同的是被挂靠企业，所以当挂靠人与供应商等发生债务纠纷时，法院通常会判定被挂靠企业承担给付责任。

赔付之后，挂靠企业就很难再向挂靠人追偿了，最后可能遭遇不必要的经济损失。

3. 承担劳资纠纷、工伤争议等用工风险。

在施工过程中，挂靠人招聘建筑工人，然后与被挂靠企业签订关于建筑工人工资、工伤事故赔偿的协议，约定由挂靠人承担其工资、工伤事故赔偿。但事实上，这样的约定在法律上是无效的。

一旦挂靠人不按时足额发放工资、不承担工伤赔偿，那么被挂靠企业只能承担所有用人单位应承担的责任。

4. 管理费被没收的风险。

根据以上相关法律规定，有资质的实际施工人借用有资质的建筑公司名义与他人签订建设工程施工合同的行为无效，人民法院可以收缴当事人所获得的非法所得。所以，挂靠人所支付的管理费属于“非法所得”，可能面临被没收的风险。到头来，被挂靠企业不仅会一无所有，还可能面临行政处罚的风险。

因此，为规避挂靠工程的风险，建筑企业最好是不采取挂靠方式承包建设工程，而是采取内部承包协议的方式。内部承包是合法的，就是将挂靠项目转变为自有项目。具体来说：

1. 将挂靠人聘为正式员工。

建筑企业可以聘用挂靠人为项目经理，与其签订劳动合同，建立劳动关系，并购买社会保险。如果该人员不具备项目经理人资质，可以与有资质的项目经理签订内部承包协议，然后将该人员作为合同的担保人承担连带责任。

2. 由被挂靠企业或者项目经理组织、派遣项目的具体管理人员。

被挂靠企业可以与项目负责人、技术负责人、核算负责人、质量管理人员、安全管理人员等人员签订劳动合同，并支付相关工资。

3. 由被挂靠企业管理工程款。

为避免挂靠人套走工程款，可以由被挂靠企业管理工程款，确保项目各项成本支付、工人工资发放等不出现问题。

4. 采取材料委托采购与劳务分包相结合的方式，即被挂靠企业委托挂靠人采购材料，然后将劳务依法分包给有劳务资质的劳务公司。

第 5 节　把握税收筹划与偷税的边界

建筑企业本身体量较大，税收贡献也比较大，因此进行税收筹划时需要做好整体施工项目和过程的筹划，结合企业自身特点进行针对性筹划。

比如，建筑企业可以在上游设立建筑劳务、设备租赁、建筑材料公司，并把上游公司注册在税源地，这样一来便可以取得 9%、13% 进项税额抵扣，同时注册在税源地的劳务公司、设备租赁公司、建筑材料公司还可以享受增值税和企业所得税留存 40% ～ 80% 的财政扶持奖励。

再比如，建筑企业可以从采购环节进行筹划，选择可以开具专业发票的供应商。如果建筑企业所承接的项目采用一般计税方法，选择开具 13% 增值税专用发票的供应商，便可以最大限额抵扣增值税销项税额，从而实现降低企业税负的目的。

建筑企业还可以在招投标过程中，将总承包项目进行拆分，分包给下属子公司。比如勘察、设计项目，适用 6% 的增值税税率；安装、施工、装饰则适用 11% 的增值税税率。如果预计取得的进项税额较少，在签订分包合同时可以选择清包工、甲供材等方式，采用简易计税方法，以便减少增值税税额的缴纳。

税收筹划是合法的，是纳税人的一项基本权利，也是国家支持和鼓励的行为。但是其前提是，设计和安排都是在法律允许的范围内。一旦筹划过度，或者恶意筹划便涉嫌避税、偷税，导致其行为涉嫌违法甚至犯罪。

某建筑企业进行税收筹划，在财务人员建议下，竟在某自由贸易区注册了好几个个人独资企业，还开具大量技术服务费增值税发票。结果是账面利润降低了，税负也降了下来，但是过度筹划的行为也收到税务机关的稽查。

同时，在税务机关稽查时，还发现该建筑企业有大量咨询服务合同，但是财务人员并不能说清这些咨询服务合同具体包括什么内容。稽查人员立即对咨询公司进行检查，发现咨询公司的资金都支付给个人，而收款人与该建筑企业的项目负责人是近亲属关系。税务机关经核查，发现该建筑企业给员工发放的工资是以支付咨询费的方式，目的是逃避个人所得税的代扣代缴。最后，税务机关认定该建筑企业偷税，该建筑企业不仅需要补缴企业所得税，还面临罚款的处罚。

偷税是违法的。根据《中华人民共和国税收征收管理法》第六十三条规定，纳税人伪造、变造、隐匿、擅自销毁账簿、记账凭证，或者在账簿上多列支出或者不列、少列收入，或者经税务机关通知申报而拒不申报或者进行虚假的纳税申报，不缴或者少缴应纳税款的，是偷税。对纳税人偷税的，由税务机关追缴其不缴或者少缴的税款、滞纳金，并处不缴或者少缴的税款百分之五十以上五倍以下的罚款；构成犯罪的，依法追究刑事责任。

扣缴义务人采取前款所列手段，不缴或者少缴已扣、已收税款，由税务机关追缴其不缴或者少缴的税款、滞纳金，并处不缴或者少缴的税款百分之五十以上五倍以下的罚款；构成犯罪的，依法追究刑事责任。

因此，建筑企业可以进行税收筹划，但是必须依法设计与安排，并且要以合理商业投资、经营为目的，而不是以避税、偷税为目的。若是建筑企业步入误区，没有把握好税收筹划、避税与偷税的边界，违背了合法、科学、合理的原则，那么就会捡了芝麻丢了西瓜。

为防范税务风险，合理进行税收筹划，建筑企业需要注意以下问题：

1. 把防范税务风险放在第一位。

进行税务筹划的设计和安排时，建筑企业应当把防范税务等风险放在第一位，提高法律意识，提升税收与会计专业能力，并对纳税过程中容易出现或可能出现的风险进行防范和控制。

2. 具体问题具体分析，不要刻意压低高税率收入。

在实务中，很少企业都是兼营多个项目或建筑服务，所以在税收筹划时则需要分别核算，选择适合的税率。但是不能为了减少应纳税所得额，将高税率收入计入低税率收入之中，甚至有意识地控制相关业务的发展，减少高税率收入的获取。

比如，某建筑企业兼营工程安装业务和装卸、搬运业务，其中安装业务适用增值税税率为11%，而物流辅助服务，适用增值税税率为6%。随着安装业务不断扩大，企业增值税税负也不断增加，如果企业为了税收筹划刻意减少工程安装服务业务，把主营业务放在装卸、搬运上，便是丢了西瓜捡了芝麻，不利于企业的长远发展。

3. 税收优惠政策可以利用，但是不能滥用。

留抵退税政策、税收洼地政策、小微企业优惠政策、高新技术企业优惠政策等可以让企业降低税负，但是如果企业滥用，或是把税收洼地、小微企业当作是开票的天堂，或是安排虚假业务、开具虚假发票，那么将面临更大的税务风险。